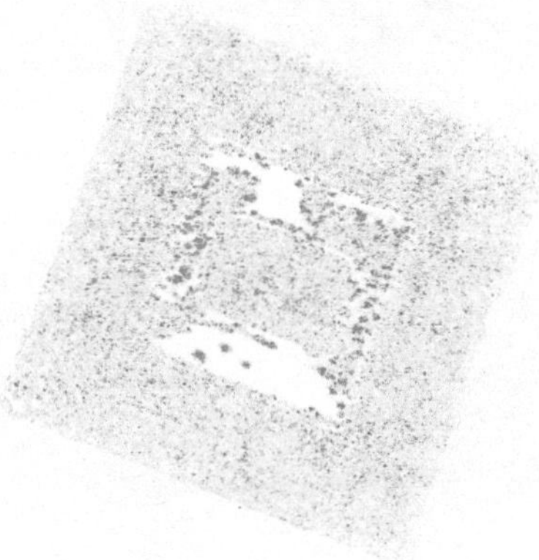

Protéger son Soi

ALAIN BRACONNIER

Protéger son Soi

pour vivre pleinement

Odile
Jacob

15, RUE SOUFFLOT, 75005 PARIS

www.odilejacob.fr

ISBN 978-2-7381-2418-0

INTRODUCTION

« Nous abritons un ange que nous choquons sans cesse. Nous devons être les gardiens de cet ange. »

Jean COCTEAU, *Le Coq et l'Arlequin*

Quand un ami vous dit : « Prends soin de toi », c'est très aimable de sa part, mais est-ce si facile que cela à mettre en pratique ? Prendre soin de soi, ne va pas de soi ! Bien que nous cherchions à vivre le mieux possible, pourquoi parfois le faisons-nous si mal ? La réponse tient au fait que nous ne connaissons pas l'étendue de nos ressources intérieures.

Intuitivement, nous savons que notre esprit peut disposer de forces internes pour nous protéger des multiples aléas de la vie. Mais de quelles forces s'agit-il ? En quoi permettent-elles de prendre soin de soi ?

Trésors souvent enfouis à l'insu de notre conscience, ces forces sont pourtant là pour enrichir notre vie. Une patiente me disait un jour : « Vous m'avez permis de mettre en lumière les moyens de mieux me protéger de mes démons, de refuser de me faire maltraiter. En fait, ce n'était pas si difficile que ça. C'est comme si j'avais découvert la face cachée de la Lune, c'était là en moi, il suffisait que je déplace mon regard pour les découvrir. »

Mobiliser ses forces intérieures, s'appuyer sur la gamme des « outils » protecteurs que nous avons profondément en nous est indispensable pour faire face à la vie, aimer et aider les autres, réussir, et ne plus se laisser maltraiter ou se maltraiter soi-même. Devenir suffisamment fort n'est pas se replier sur soi, ce n'est pas être égoïste ou narcissique, c'est se donner les moyens d'avancer en confiance dans la vie.

Aujourd'hui, nous pouvons apprendre que nous disposons d'un nombre de ressources pour rester nous-mêmes et si besoin nous protéger, plus important que nous n'en avons conscience. Nous pouvons aussi l'apprendre aux autres. Les recherches dans ce domaine en ont découvert vingt-sept.

Les spécialistes les appellent des « mécanismes de défense ». Cela dit bien ce que cela veut dire. Nous savons aussi que certaines ressources sont plus heureuses que d'autres. L'humour, la sublimation, l'anticipation en sont d'excellentes ; le déni de la réalité, le passage à l'acte et la projection deviennent les seules défenses efficaces en cas de gros problèmes.

Je vais ici toutes les présenter. J'examinerai en quoi elles peuvent être utiles selon les circonstances de la vie. Nous n'utilisons spontanément ou par habitude qu'un nombre limité de ces ressources internes et chacun de nous opère différemment. Parfois avec bonheur et réussite, parfois péniblement et de façon inappropriée. On se prive alors de toute la gamme dont on pourrait mieux profiter et dont nous disposons tous sans même le savoir.

Ce livre a pour objectif de faire connaître au grand public une méthode nouvelle, déjà utilisée par les spécialistes, pour aider chacun à trouver en soi et mobiliser toutes ces forces internes. J'ai aidé de nombreuses personnes à découvrir leurs ressources intérieures les plus efficaces pour dépasser leurs difficultés et réussir leur vie. Je souhaite en faire profiter, car chacun d'entre nous peut individuellement aller à la découverte de soi-même, de ses trésors cachés et faire de même pour les autres.

Plus forts, conscients des moyens de se défendre, nous pourrons alors profiter pleinement de l'existence et crier victoire contre nos démons intérieurs et les menaces extérieures.

J'aborderai dans ce livre les réponses aux questions que soulèvent ces différentes manières d'être soi-même. Contre quoi et pour quel motif notre Soi doit-il se protéger ? Existe-t-il des manières différentes de se défendre selon que nous soyons une femme ou un homme ? Comment se développent ces ressources intérieures de la naissance à l'âge adulte et comment permettre à nos enfants de les acquérir ? Quelles sont celles que nous pouvons utiliser dans notre vie familiale, professionnelle ou sociale ou dans des situations personnelles particulières ?

Ce livre a donc pour but de présenter l'ensemble de ces moyens et de pouvoir repérer ceux que notre entourage utilise. Mais surtout il a pour but de repérer et mobiliser les siens propres afin de mieux comprendre les comportements, bons ou moins bons, qui en sont la conséquence pour nous améliorer et acquérir un meilleur équilibre psychologique et une meilleure confiance en soi. Tous, ils constituent des refuges sur la route du Soi. Ils sont même essentiels pour construire notre espace personnel et défendre ainsi notre existence des souffrances de l'âme[1].

PREMIÈRE PARTIE

À LA DÉCOUVERTE DE SOI

Chapitre 1

TROUVER ET MOBILISER SES FORCES INTÉRIEURES

Véritables anticorps de notre psychisme, ces piliers que les spécialistes désignent sous le terme significatif de « mécanismes mentaux de défense[1] » nous permettent d'oublier nos tourments, nous défendent des soucis de la vie, nous protègent des relations malsaines, nous apprennent à être allergiques à la méchanceté ou l'esbroufe.

> Martin, 35 ans, vient me voir parce qu'il est malheureux dans sa vie professionnelle. Il y a quelques mois, il a été embauché par une société qu'il a choisie pour son image positive en matière d'environnement durable. Rapidement, malgré tout son enthousiasme, il a dû déchanter. L'image verte n'était qu'un mirage pour faire bonne impression dans les médias, les préoccupations écologiques affichées, une façade. Au fond, il travaille pour une organisation dont le discours officiel ne correspond pas à la politique pratiquée. Et cela, il ne le supporte pas. Bien sûr, il sait qu'il est exigeant et idéaliste, mais il y tient : ses valeurs morales donnent un sens à

sa vie. À la différence apparemment de son manager et de beaucoup de collègues autour de lui, il ne sait pas faire semblant.

Cela lui rappelle soudain une période plus lointaine de sa vie. Il venait d'entrer au collège et il voulait absolument faire partie d'un groupe de garçons qu'on appelait « les populaires ». C'étaient majoritairement des garçons de bonne famille, admirés pour leur « look » et leur aisance ; ils plaisaient aux filles, portaient des habits à la mode et n'avaient aucun problème d'argent pour aller au cinéma... Après plusieurs mois d'entrisme et un certain nombre d'épreuves quasi initiatiques, il avait fini par être admis dans la bande. Il s'en souvenait aujourd'hui comme d'un moment d'intense satisfaction et d'immense fierté.

Un jour, alors qu'il était en 5e, une fille lui avait appris que, dans ce groupe, beaucoup le méprisaient... Trop rustre, trop premier degré. La gifle avait été cinglante et la déconvenue douloureuse. Déçu, vexé, blessé, il s'était tourné vers d'autres collégiens, moins affirmés, moins séduisants, mais tellement plus fiables et authentiques... Encore aujourd'hui, vingt ans plus tard, certains sont restés ses meilleurs amis.

Au fond, son manager et ses collègues lui rappellent l'époque lointaine des « populaires » : priorité au faire semblant et à l'esbroufe. La situation l'angoisse, il ne voit pas comment se défendre, il a peur que l'agressivité qu'il éprouve viscéralement contre tous ces gens se retourne contre lui. Que faire ? Rester ? Partir ? Combattre ou bien fuir. Ensemble, lui et moi, nous parvenons progressivement à différencier ce qu'il éprouve affectivement et ce qu'il peut réellement escompter sur un plan professionnel. Il reconnaît qu'il s'est fait rapidement apprécier, que l'on compte apparemment beaucoup sur lui au travail et que ses perspectives d'évolution sont réelles.

Même si ce n'est pas toujours le meilleur moyen de se protéger, savoir isoler l'affectif du rationnel permet souvent de faire face à certaines situations professionnelles délicates. Le temps passant, Martin apprend à laisser libre cours à son idéalisme dans sa vie privée, tout en exerçant avec exigence et succès son métier...

Si tout le monde reconnaît, comme Martin, qu'il est important aujourd'hui de protéger la Nature, il est aussi essentiel de savoir protéger *sa* propre nature et tout son être. Notre monde moderne l'exige de plus en plus. Se défendre ne se résume plus à savoir simplement dire « oui » ou « non » ou « c'est bien », « c'est mal ». Cela ne signifie pas non plus qu'il faille tout accepter. Non, pour exister, il faut savoir résister et ceci de différentes manières.

Vivre pleinement en prenant soin de soi

Le combat ou la fuite ont toujours été pratiqués par les êtres humains et, bien au-delà, par les espèces vivantes. Quand elles se sentaient en danger, pour se protéger, les espèces vivantes, dont l'homme, savaient qu'elles devaient physiquement combattre ou fuir. Au cours de l'évolution, le cerveau humain s'est développé et les comportements de combat physique ou de fuite ont été progressivement intériorisés en images mentales et en pensées plus complexes.

Désormais, face à une réaction biologique d'angoisse, celle qui se déclenchait chez l'homme préhistorique, dont on observe très tôt l'apparition chez le jeune enfant, nous ne nous battons plus avec nos poings, ou alors très rarement, nous répondons par des moyens psychiques. Les comportements de combat ou de fuite se sont transformés en : « Que faire, dois-je affronter le problème, en rire ou le dénier, le sublimer ou en projeter la responsabilité chez les autres, etc. ? »

L'être humain a progressivement appris à se défendre psychiquement, mais en pensant d'abord sur le mode binaire. Nos ancêtres séparaient le monde en deux : les dieux et les humains, les bons et les méchants, les proches et les étrangers. En cas de menaces importantes, il nous arrive encore de fonctionner ainsi.

Mais généralement aujourd'hui, le monde dans lequel nous vivons nous oblige à nous questionner et à gérer nos vies à partir de stratégies beaucoup plus subtiles, toutes celles que notre cerveau et notre esprit d'hommes modernes mettent à notre disposition.

Plus que jamais, face aux événements de la vie quotidienne, aux petits ou aux grands soucis qui nous envahissent, face au stress que nous subissons, aux émotions qui nous submergent, face aussi aux questions existentielles que nous nous posons un jour ou l'autre, nous avons besoin de nous protéger intelligemment et de façon la plus adaptée et la plus heureuse possible.

L'ensemble des ressources intérieures dont nous disposons tous sans toujours le savoir permet de ne pas réagir de manière primaire, impulsive ou trop émotive. Nous pouvons vivre pleinement notre existence de façon plus réfléchie et plus subtile que nos ancêtres. Selon les situations que nous rencontrons, ces ressources colorent nos sensations, nos sentiments, nos pensées et nos comportements en maintenant notre équilibre psychologique. Ces manières de bien se défendre favorisent l'estime que nous avons de nous-mêmes.

Mais, soyons clair, se défendre ne veut pas dire se cadenasser, c'est même le contraire. Si nous savons que trop de désordre nous désorganise ou nous submerge, nous savons aussi qu'un peu de désordre en nous et autour de nous permet la conquête de soi-même.

À l'image des caresses qui nous apaisent ou donnent du sens à notre vie, ces forces intérieures nous permettent de désirer les choses qui s'offrent à nous sans trop souffrir de ne pouvoir toutes les acquérir. Elles nous permettent de vivre nos amours, mais aussi d'exprimer notre tendresse éternelle à ceux qu'on aime ou qu'on a aimés. Elles nous protègent du monde qui nous oppresse par son instabilité et son manque de perspective d'avenir. Elles apaisent nos angoisses et notre hypersensibilité. Ce sont nos meilleurs garants pour s'interdire d'être maltraités ou de se maltraiter soi-même.

Se protéger : contre qui ? Contre quoi ?

Pourquoi chercher à protéger notre Soi au cours de notre existence ? Les raisons en sont nombreuses. Parfois, sous le poids des événements, nous devenons trop dépendants de nos propres schémas de pensée ou de ceux des autres ; à d'autres moments nous nous sentons débordés par nos propres sentiments ou nous nous laissons influencer par quelqu'un qui nous domine trop ; nous pouvons aussi être séduits sans en mesurer les dangers ; et parfois même nous pouvons être maltraités sans oser réagir et ainsi nous maltraiter nous-mêmes. Souvent, savoir dire « non » est difficile, nous ne savons pas suffisamment établir une frontière entre ce que nous désirons et ce que désire l'autre, nous ne savons pas trouver la bonne distance entre l'autre et nous.

Que se passe-t-il alors ? Notre espace personnel est mis à mal et n'est plus suffisant pour se sentir en paix et en sécurité. Plusieurs domaines de la vie ou tous les modes d'existence peuvent alors en être affectés. L'existence nous semble parfois lourde à porter.

Nous devons alors résister, protéger et nourrir notre Soi afin qu'il poursuive sa construction, grâce à des stratégies de résistance qu'on désigne aujourd'hui sous le terme psychologique de « mécanismes de défense ».

Véritables barrières, filtres, frontières, ces « mécanismes de défense » sont cruciaux pour avancer dans la vie, pour se protéger des aspects négatifs que nous pouvons entretenir, à notre corps défendant, dans notre relation à nous-mêmes ou dans notre relation aux autres. De la même façon que les chiens aboient quand on leur marche sur la queue, nous, pauvres êtres humains, quand nous nous faisons mal ou que nous sommes verbalement agressés nous manifestons une réaction primaire et instinctive : nous jurons intérieurement ou beaucoup plus bruyamment ! Est-ce bien utile ? Oui. Des scientifiques ont prouvé que cette manifestation en réponse à la perception d'une douleur permet de mieux la supporter et d'en amoindrir la sensation. « Cette expression verbale provoquerait alors une forte émotion qui prendrait le pas sur la douleur et en diminuerait la sensation », explique Richard Stephens, professeur de psychologie en Grande-Bretagne. Ce dernier recommande néanmoins de jurer avec parcimonie pour en garantir l'efficacité.

Mais aujourd'hui, notre éducation et notre cerveau nous préparent à nous défendre de la manière la plus intelligente et la plus efficace possible face aux agressions quotidiennes, petites ou grandes, physiques et surtout verbales. Il faut donc savoir bien se défendre : ni trop ni trop peu, ni inutilement ni maladroitement. Comment ? En choisissant parmi l'ensemble des mécanismes de défense dont nous disposons, celui qui convient à la situation. Il vaut mieux utiliser l'humour face à quelqu'un qui le comprend que vis-à-vis de quelqu'un d'autre qui n'en saisira pas le sens. Il vaut mieux dénier momentanément la disparition d'un être cher comme cela se produit dans les premiers temps du deuil normal que de s'effondrer dans une mélancolie incontrôlable.

Personne n'est parfait ! Il nous arrive de regretter d'en avoir trop dit ou pas assez. Nous pensons alors que nous n'avons pas trouvé la bonne forme et le moyen de défense adapté. Mieux connaître ceux que nous utilisons et ceux que nous pourrions utiliser avec plus d'habileté ne va pas de soi. Comme le disait Jean-Paul Sartre : « On ne fait pas la grève d'exister » même si à certains moments douloureux on le voudrait bien.

Pour avancer dans la vie, explorons ces moyens dont nous pouvons disposer pour exister. Ceux qui sont le mieux adaptés aux différents contextes : famille, couple, travail et ceux qui peuvent nous poser des problèmes.

Découvrir la variété des ressources de la vie psychique, connaître les meilleures, prendre conscience de celles que nous utilisons par habitude et celles de nos proches, c'est se soucier de notre développement personnel, de celui et de ceux qu'on aime. En un mot, c'est se donner les moyens de vivre au mieux notre vie sentimentale, familiale et sociale. En sachant mobiliser cette gamme disponible en nous contre nos soucis intérieurs, nous pouvons vraiment élargir notre potentiel et améliorer l'estime que nous avons de nous-mêmes.

Reconnaître cette gamme et la transmettre à ses enfants dès le plus jeune âge contribue à leur permettre d'utiliser les meilleurs moyens pour se construire durablement.

Nos forces intérieures

« La psychologie s'affirme comme une partie intégrante des Sciences de la Vie... Une science de la vie mentale, qui tente d'énoncer des lois générales de la pensée, un domaine intime et subjectif que l'on aurait pu penser inaccessible à la méthode scientifique[2]. » Pourquoi devons-nous psychiquement chercher à nous construire et trouver notre équilibre ? Quels objectifs aujourd'hui la psychologie humaine nous a appris à privilégier pour ne pas nous sentir trop impuissants au cours de notre existence ? Je citerai ici les objectifs qui m'apparaissent les plus importants :

- *Développer harmonieusement son Moi* ou favoriser la cohérence de soi, en particulier, harmoniser les relations entre le corps et la psyché, les relations entre ses affects et ses représentations, entre ses pensées, son langage et ses actes.
- *Développer harmonieusement sa relation aux autres,* amicalement, sexuellement et socialement.
- *Développer son idéal du Moi, l'estime de soi, l'amour authentique de soi* et non pas son Moi idéal infantile, l'amour mégalomaniaque de soi.
- *Développer ses connaissances du monde,* ses connaissances pratiques, intellectuelles, culturelles, développer ses habiletés et ses compétences sociales.

• *Être suffisamment dégagé de symptômes* ou de traits de caractère contraignants dans la vie personnelle et sociale.

Comment atteindre ces objectifs ? En mobilisant l'ensemble des forces intérieures qui nous permettent de se construire, en profitant au mieux de leur variété et en adaptant leur utilisation à la situation rencontrée.

Quand nous parlons de « forces intérieures » qui nous protègent face aux aléas de la vie, de quoi parlons-nous ? De nos moyens de défense ou plus justement de « mécanismes mentaux de défense », tels que les désignent les psychologues. Ils les définissent ainsi : « Les mécanismes de défense sont des processus psychologiques automatiques qui protègent l'individu de l'anxiété ou de la perception de dangers ou de facteurs de stress internes ou externes. Les individus n'ont généralement pas conscience de ces processus lorsqu'ils sont à l'œuvre[3]. »

Certaines réactions défensives conscientes sont évidentes : essayer de ne pas penser à des choses contrariantes, mettre volontairement à l'écart des sentiments désagréables, se contrôler face à une émotion envahissante ou agressive quand on se sent au pied du mur. Mais ce que les spécialistes désignent sous le terme de « mécanismes de défense », vingt-sept sont à notre disposition, correspondent à un fonctionnement de l'esprit dont nous n'avons pas forcément conscience, mais qui peut être tout aussi efficace dans ses effets, si ce n'est plus, que les réactions conscientes. Généralement, leur fonction protectrice ne trompe pas les observateurs. Il est très utile pour soi de connaître et identifier, comme cela a été démontré scientifiquement, ceux qui nous rendent heureux, ceux qui sont corrélés à une bonne santé physique et mentale, ceux qui s'intègrent naturellement dans la vie de couple ou la vie professionnelle.

Une heureuse découverte

L'expression « mécanismes de défense » apparaît pour la première fois, en 1894, dans un article de Sigmund Freud : « Les psychonévroses de défense[4] ». À son époque, le père de la psychanalyse ne retient progressivement que neuf mécanismes :

- La régression (*L'Interprétation des rêves*, 1900).
- La sublimation et la formation réactionnelle (*Trois Essais sur la théorie de la sexualité*, 1905).
- La projection (*Le Président Schreber*, 1911).
- Le retournement contre soi et la transformation en contraire (*Pulsions et destins des pulsions*, 1915).
- L'identification (*Deuil et mélancolie*, 1917).
- L'annulation rétroactive et l'isolation (*Inhibition, symptôme et angoisse*, 1926).

Freud associe alors volontiers tel mécanisme de défense et tel type de psychonévrose. Par exemple, la projection est vue comme un mécanisme prédominant dans la paranoïa ou plus généralement dans la folie psychotique, l'annulation rétroactive et l'isolation se rencontrent de façon privilégiée chez les personnalités obsessionnelles. Mais il associe aussi d'autres mécanismes généralement utilisés dans des moments particuliers de la vie : la régression est corrélée au rêve, la sublimation à la manière de gérer le désir sexuel, ou encore l'identification à la personne devant vivre un deuil.

La fille de Freud, Anna, poursuivant et enrichissant sur ce sujet l'œuvre de son père, publie le premier ouvrage consacré uniquement à ce sujet[5]. Depuis, l'intérêt pour les mesures défensives psychologiques dont les êtres humains disposent n'a cessé de croître. Le psychologue américain George Vaillant, pionnier dans l'étude contemporaine de ce concept, affirmait en 1993 : « Il est temps que le Moi et ses défenses soient vus comme des facettes de la réalité psychologique, biologique et sociale et non pas comme des objets du culte psychanalytique[6]. »

L'examen des travaux sur ce sujet montre que les recherches les plus récentes portent aujourd'hui sur différents thèmes : l'origine et l'apparition de ces mécanismes dès la première enfance, leur évolution au cours des cycles de la vie, leur différence d'utilisation selon qu'on soit une femme ou un homme, etc. On a également recherché leur stabilité ou leur changement au cours de l'existence. On s'est évidemment intéressé au fonctionnement défensif au cours des maladies physiques, dans les cas de troubles psychologiques et au cours des thérapies. Enfin, des questionnaires et des instruments d'évaluation dont chacun peut maintenant disposer ont été développés (*cf.* Annexe I, p. 249).

Déployer toutes ses ressources dans tous les champs de la vie

La connaissance de nos piliers défensifs a suscité un intérêt croissant dans de nombreux domaines : les relations humaines, qu'il s'agisse de la vie sociale, professionnelle ou familiale, la prévention et l'éducation pour la santé, la médecine des troubles physiques et bien sûr psychologiques. Dans le domaine de la vie privée, la connaissance de nos « ressources défensives » a permis de faire des propositions dans la manière de gérer les crises personnelles liées aux conflits humains, aux séparations, au deuil. Les études sur les organisations de travail, sur le management ou la prise de décision, sur les techniques de gestion du stress ou le coaching ne peuvent plus se passer de la connaissance des stratégies défensives observées dans la vie professionnelle.

Malheureusement, dans la vie courante, nous sommes encore beaucoup à ignorer quels moyens défensifs nous mobilisons, s'ils sont les meilleurs, les plus adaptés selon les situations, ou comment les changer. Si on sait que faire le clown peut cacher sa tristesse, que plaisanter permet de gérer un désaccord, que la meilleure façon de se défendre est parfois d'attaquer ou qu'un moyen de régner est de diviser ; qui, en revanche, sait que ces mesures défensives reposent sur vingt-sept piliers psychiques sur lesquels nous pouvons nous appuyer dans notre vie quotidienne ?

Je décrirai ces vingt-sept piliers qui, lorsqu'ils sont utilisés de façon ponctuelle, réfléchie et adaptée au contexte, sont tous utiles pour régler les problèmes, atténuer les difficultés, contourner les obstacles. Certaines situations que nous vivons aujourd'hui nécessitent de mettre à profit la large gamme qui est à notre disposition. Confrontés à un problème que nous ne savons pas résoudre, il faut savoir le mettre un moment à l'écart ou même le traiter avec humour plutôt que laisser aller notre tendance naturelle à le fuir. Nous avons également tendance à n'utiliser qu'un nombre restreint de moyens de protection quel que soit le contexte. Or, cette manière trop limitée de réagir définit un style qui est souvent lié, comme nous le verrons, à des habitudes acquises qui nous jouent des tours. Il nous est toujours possible de développer nos moyens de défense ou d'en expérimenter certains que nous ne connaissons pas.

Ceci conduit à regrouper ces vingt-sept forces ou ressources défensives en différents niveaux qui vont des plus agréables et des plus utiles à exploiter dans la majorité des situations aux plus nécessaires à utiliser en cas de menace d'effondrement.

Il existe donc une gradation dans l'intérêt et l'utilité de ces possibilités. À l'exception de situations particulières qui nécessitent des moyens particuliers, on peut affirmer que, généralement, pour bien vivre avec soi-même et avec les autres, certaines stratégies sont meilleures que d'autres sur le long terme. On peut, si on y prête attention, repérer celles dont l'expérience nous a appris l'efficacité et celles que nous utilisons mal à propos. Face à une personne qui vous agresse injustement ou bêtement, il vaut mieux utiliser l'humour en faisant ressortir de façon amusante mais ironique l'agression inopportune ou stupide plutôt que de réagir impulsivement dans un passage à l'acte irréfléchi aux conséquences négatives éventuelles.

Leur variété invite à s'interroger : face à nos questionnements parfois angoissants, s'est-on suffisamment défendu, s'est-on bien défendu, avons-nous su nous défendre correctement ?

Au-delà de la constatation qu'il est bon, selon les situations, d'utiliser tel pilier protecteur plutôt que tel autre, il est important de découvrir la hiérarchie de ces stratégies défensives qui vont d'un style en général le plus adapté à un style réservé à des situations particulières. Néanmoins ces piliers, lorsqu'ils sont trop fréquemment utilisés quelles que soient les circonstances, sont le signe de véritables difficultés psychologiques.

Les nombreux travaux consacrés à l'étude de ces moyens humains de se protéger des difficultés de la vie ont ainsi permis de distinguer trois grands groupes :

• *Le premier groupe rassemble les sept meilleurs moyens de se défendre,* quand, dans la vie quotidienne, nous nous sentons dans l'embarras, perdus ou impuissants. Ce sont incontestablement les moyens les plus utiles et les plus efficaces. Ils procurent plus de satisfaction que de gêne. Parmi eux, figurent l'humour, l'anticipation, la capacité de recours à autrui. Faciles à utiliser, on peut dire qu'ils aident à nous en sortir par le haut : ils nous protègent et sont source de plaisir ou de réussite.

Je me souviens de mes débuts de conférencier, en particulier d'une réunion où je devais parler à cette époque des nouvelles recherches sur le sommeil. J'étais incontestablement tendu et très « doctoral ». L'assistance s'assoupissait peu à peu. À la pause, le professeur qui m'avait invité me dit avec un sourire plutôt protecteur : « Connaissez-vous cette phrase de Pierre Dac ? » Devant mon air interrogatif et un peu surpris, il poursuivit : « Tous les hommes parlent dans leur sommeil, seuls les conférenciers parlent dans le sommeil des autres. » Je compris immédiatement le message et me mis à rire de moi-même. Cela me détendit et la deuxième partie de mon exposé fut incontestablement plus légère et plus appréciée.

• *Le deuxième groupe rassemble les mécanismes de défense qui nous obligent à prendre sur nous-mêmes,* sans que nous nous en rendions compte. Pour nous sortir de ce qui nous pose vraiment problème, ces défenses ont une utilité incontestable, mais elles ont aussi un coût. Certaines nous obligent à nous « contorsionner » pour réussir à nous dégager de sentiments trop pénibles. Dans ce registre, le refoulement est sans doute la défense la plus connue : oublier ce qui nous a choqués ou franchement traumatisés permet de ne pas rester bloqués sur ce qui s'est passé. Le problème est que nous en gardons le souvenir quelque part en nous et qu'il pourra ressurgir à la faveur d'un événement qui fera remonter tout ce que nous avions voulu effacer.

Je me souviens de cette femme qui avait dû subir une intervention chirurgicale qui ne s'était pas bien passée. Le chirurgien ne lui avait pas plu, sans qu'elle sache pourquoi. Elle n'avait pas eu confiance et en effet, dit-elle, depuis cette intervention, elle ressentait des douleurs de localisation variée dans le temps sans aucun rapport direct avec cette intervention. Elle arriva chez moi, sept ans plus tard, après avoir subi tous les examens médicaux à la recherche d'une origine organique de ses douleurs, qui n'avaient rien révélé. Quand elle me raconta son histoire elle exprima progressivement qu'elle s'était toujours consacrée aux autres sans doute parce qu'elle-même ne s'était jamais sentie aimée par ses parents, par sa mère mais surtout par son père. Remonta alors soudainement en elle un souvenir qu'elle avait jusque-là « totalement » oublié : à sept ans, elle était tombée brutalement de sa chaise à table et son père l'avait fortement disputée et refusé de croire qu'elle avait pu se faire très mal. Elle avait beaucoup souffert sans qu'elle se souvienne du temps que cela avait duré. Ce n'est qu'après un « certain temps » que sa sœur aînée avait alerté une tante qui avait obligé ses parents à aller consulter. Elle avait en fait une fracture du pied. Brusquement en racontant ce souvenir, elle fit un lien entre le physique de son père et le physique du chirurgien qui ne lui avait pas plu et qui l'avait selon elle mal opérée. Ainsi, cette femme avait surmonté ce manque d'amour qu'elle avait ressenti enfant en refoulant son passé et en développant un altruisme compensateur de sa propre souffrance. Elle s'était ainsi défendue de sa colère contre ses parents ; en leur montrant qu'on pouvait prendre soin des autres elle avait de fait critiqué leur manque d'amour parental. À l'occasion d'un événement où elle attendait qu'on prenne soin d'elle, ce qui était depuis longtemps refoulé et apparemment dépassé avait ressurgi inconsciemment dans sa mémoire, à partir d'un simple détail physique en rapport avec l'image paternelle.

• *Le dernier groupe est constitué de six « stratégies limites ».* Ce sont nos derniers recours contre l'explosion ou l'effondrement. Utiles comme rempart extrême contre les tyrannies externes ou internes qui nous menacent, on les mobilise lorsque nous sommes confrontés à une situation insupportable. Ces stratégies défensives nous amèneront à vouloir inconsciemment perdre tout contact avec la réalité, à dénier la réalité dans son ensemble. Nous les rencontrons dans des situations exceptionnelles, comme lors de deuils insurmontables où nous n'avons pas d'autre choix que de dénier la disparition de l'être cher.

Dans les chapitres qui suivent, je décrirai en détail chacun des trois grands groupes et les différents « piliers protecteurs » qu'ils rassemblent. Certains sont bien connus comme l'anticipation, l'action, la mise à l'écart, d'autres moins : c'est le cas de la sublimation, de la formation réactionnelle ou de l'isolation. Les garder en mémoire et les mobiliser le moment venu est essentiel pour pouvoir, malgré les obstacles éventuels, avancer et bien avancer dans la vie.

Nos vingt-sept ressources pour protéger son Soi

Groupe 1.	Groupe 2.	Groupe 3.
L'humour	L'identification	L'agression passive
La sublimation	La séduction	Le passage à l'acte
L'affirmation de soi	La mise à l'écart	La régression
L'anticipation	L'intellectualisation	Le clivage
L'action	Le refoulement	La projection
Le recours à autrui	Le déplacement des problèmes	Le déni
L'auto-observation	La fuite des problèmes	
	L'altruisme et la dépendance	
	L'inversion des sentiments ou la formation réactionnelle	
	L'isolation	
	L'annulation rétroactive	
	La somatisation	
	Le refuge dans la rêverie	
	La dépréciation ou la « sur-idéalisation »	

Chapitre 2

LES SEPT MEILLEURS MOYENS D'ÊTRE SOI-MÊME

Existe-t-il un style de défense meilleur que d'autres ? La réponse est oui. Les critères de réussite dans la vie reposent en général sur la capacité de faire face aux soucis, en s'écartant du chemin qui pourrait mener à la contrainte excessive qu'on se donne à soi-même et à la perte du plaisir de vivre avec les autres. Ces défenses « heureuses » ne feront pas tout disparaître comme par enchantement, elles n'anesthésient pas ce qui est pénible mais elles permettent d'apaiser et de réduire le plus agréablement possible les tensions. Les défenses regroupées ici préservent le bien-être, même si elles ne vont pas toujours de soi spontanément. Elles rendent leur utilisateur sympathique, agréable et même attirant pour les autres. Pour paraphraser le poème de Robert Frost qui décrit sa rencontre avec un voisin qui, ayant réparé sa clôture, lui fait remarquer : « Les bonnes clôtures font les bons voisins », on pourrait dire que « les bonnes défenses font les bonnes relations ».

Ces bonnes ressources ont cette capacité de permettre de s'adapter autant que possible aux situations rencontrées. Il vaut mieux en effet manier l'humour avec quelqu'un qui le comprend que face à quelqu'un pour qui cette manière de penser semble étrangère et qui le vivra agressivement. Il vaut mieux réfléchir ou mettre momentanément à l'écart ses difficultés lorsqu'on dispose de peu de temps devant soi et qu'il ne s'agit pas de résoudre dans l'urgence un problème. Il vaut mieux savoir s'affirmer, y compris en refusant ce qui vous est proposé si cela ne vous met pas en difficulté vis-à-vis de la personne de laquelle vous manifestez ce moyen de défense, surtout si elle a autorité sur vous.

Soulignons aussi que ces défenses sont efficaces lorsqu'elles s'inscrivent dans le temps. Leur efficacité et l'apaisement qu'elles procurent vous amèneront à les renouveler, à les consolider et à savoir les utiliser de mieux en mieux sur le long terme, dans les situations où vous aurez su en reconnaître l'intérêt. Vous saurez alors adopter une stratégie claire, sans ambiguïté et vous sentir confiants en vous.

Quelles sont ces sept forces intérieures que chacun peut exprimer ? L'humour, la sublimation, l'affirmation de soi, l'anticipation, l'action, le recours à autrui, l'auto-observation.

L'humour : sur soi-même et sur les autres

L'humour est sans doute le meilleur moyen de se défendre, en toutes circonstances, même lorsqu'il s'agit de répondre aux injures. Freud s'est proposé d'y voir « la plus élevée des manifestations de défense ». De Churchill à Woody Allen en passant par Pierre Dac ou Coluche, personne ne pourra le nier. L'humour se manie non seulement pour faire face aux dépits, aux angoisses, aux colères, mais en plus il amuse. L'humour transforme l'énergie des émotions négatives pour les convertir en sourire et même en rire. Un ami que je trouvais mélancolique à la suite d'une rupture sentimentale, et dont je connaissais l'inconstance, m'amena pour le consoler à lui rappeler cette phrase bien connue de Sacha Guitry : « Je vais donc enfin vivre seul ! Et déjà, je me demande avec qui. »

Pour faire face à l'angoisse et au désespoir que suscite en nous un avenir parfois sombre, l'humour nous détend, comme dans cette bande dessinée *Sylex and the City*[1]. Il s'agit d'une satire hilarante de la société moderne que le jeune « normalien » Julien Berjeaut, dit « Jul », met en scène : les Dotcom, une famille de « Dolto sapiens ». Nous sommes en 40000 avant Jésus-Christ, la mère est professeur de « préhistoire-géographie », le père professeur de chasse, l'un et l'autre enseignant en zone d'évolution prioritaire (ZEP) ! Ces deux enseignants ont deux rejetons, Web, la fille aînée qui tombe amoureuse du fils à papa, directeur d'Énergie Du Feu (EDF), le plus gros volcan qui chauffe la vallée et qui a été privatisé ; et Url, un militant antidarwiniste radical, antifourrure, antifeu, antichasse.

Dans cette bande dessinée, tout le monde en prend pour son grade, mais de façon amusante. Il y aurait sur le plan social, à un moment donné, une relation entre l'humour et les soucis économiques d'un pays. À la question « Pourquoi les Français plébiscitent les humoristes ? », mon collègue Christophe André répond, fin 2009 : « La prospérité pourrait bien favoriser l'ironie et à la longue l'humour vache (sketches de Coluche ou dessins de Reiser), là où la crise donnerait plutôt envie d'un humour bon enfant et réconfortant (film de Dany Boon ou spectacles de Gad Elmaleh)[2]. »

À un niveau plus individuel, Cioran définissait d'ailleurs l'humour comme la politesse du désespoir. Certains sont sans doute plus doués que d'autres dans ce domaine. Freud, en 1927, alors que son cancer était déjà à un stade avancé, écrivait que l'humour était un « don précieux et rare[3] ».

Nous apprécions la vivacité d'esprit de l'homme d'humour, surtout – reconnaissons-le – si son trait d'humour est dirigé vers les autres.

> **Un ami m'appelle au téléphone pour me proposer un dîner en compagnie de plusieurs amis communs. Je lui demande où et quand le dîner aura lieu. Il me répond « chez moi » et ajoute sans réfléchir aux effets possibles de sa réponse : « Ça sera moins loin. » Sa réponse m'agace car cette organisation m'oblige à terminer plus tôt mes activités, ce qui ce jour-là me dérange. Je lui dis alors du tac au tac mais en riant : « Ce sera moins loin… surtout pour toi. » Il réalise ce qu'il a dit et se met aussi à rire. Cet échange qui aurait pu être désagréable, nous avons su le transformer, l'un et l'autre, en le désamorçant par le rire.**

L'humour contribue à faire retomber la tension dans le conflit, permettant à chacun de profiter de ses effets bénéfiques au lieu des commentaires moqueurs, agressifs ou cinglants qui pourraient atteindre l'une des personnes. L'humour qui s'applique souvent à soi-même peut souligner, sous une forme imagée, les aspects amusants d'un conflit ou les facteurs personnels de stress. L'humour permet aussi de dire avec plus de facilité et de légèreté, ses sentiments et ses souhaits qui, sans ce mode d'expression, pourraient être source de rancœur ou de remords. L'humour peut proposer des réflexions qui pour beaucoup paraissent très justes. Lors d'un voyage en Russie, une amie me racontait l'histoire suivante pour me faire comprendre l'âme russe et au-delà sans doute la nature humaine. « Quelle différence y a-t-il, me dit-elle, entre un général, un diplomate et une femme russe ? » Et elle ajouta : « Un général, quand il dit oui, c'est oui, quand il dit non, c'est non, quand il dit peut-être, ce n'est pas un général. Un diplomate, quand il dit oui, c'est peut-être, quand il dit peut-être, c'est non, quand il dit non, ce n'est pas un diplomate. Une femme russe, quand elle dit non, c'est peut-être, quand elle dit peut-être, c'est oui, quand elle dit oui, ce n'est pas une femme russe ! »

Même la mort et surtout l'angoisse de la mort appellent un apaisement que l'humour peut procurer. Woody Allen dont l'angoisse n'est plus à démontrer propose ce savoureux aphorisme : « Qu'est-ce qui peut bien me tourmenter autant au sujet de la mort ? Probablement les horaires... »

L'humour contient toujours une part de vérité et de dérision sans mettre en danger excessif l'image de chacun, comme le sarcasme ou l'ironie qui contiennent une charge beaucoup plus malveillante. « L'ironie est surtout un jeu d'esprit, l'humour serait plutôt un jeu de cœur », disait Jules Renard. Les chercheurs contemporains en psychologie positive soulignent le bénéfice supérieur de l'humour sur l'ironie : il crée des liens au lieu de créer du ressentiment, de la distance, car il facilite le partage social des émotions positives... Il reste compatible avec la gentillesse, dans la tendresse pour le genre humain.

L'aspect défensif de l'humour sur soi consiste à s'épargner des désagréments, des sentiments douloureux qu'une situation ou des propos entendus pourraient provoquer. En choisissant de s'amuser de circonstances désagréables, parfois même pénibles, on se protège d'une souffrance.

L'humour favorise une mise à distance de sentiments ou de souvenirs douloureux écartant ainsi une émotion pénible. Il permet de faire l'économie de l'irritation, de la souffrance, du dégoût et même de l'horreur. Le film de Roberto Benigni *La Vie est belle* en a été pour beaucoup de spectateurs, mais peut-être pas pour les plus concernés par l'horreur en camp de concentration, une étonnante illustration.

Ces aspects très positifs de l'humour ont amené Freud à présenter, dès 1905, dans son ouvrage sur le mot d'esprit et sa relation avec l'inconscient, cette force intérieure comme la défense la plus élevée de toutes. Aujourd'hui, certains thérapeutes, sans préconiser une « psychothérapie trop superficielle » recommandent l'humour pour relativiser les difficultés de la vie.

Si vous n'utilisez pas assez ce moyen efficace et amusant quand vous vous sentez agacés ou agressés, achetez de bons ouvrages sur le sujet, ils sont nombreux, et entraînez-vous. Vous vous amuserez rien qu'à leur lecture.

La sublimation dans un loisir

Lorsque nous regardons une pièce de théâtre, un film ou écoutons une chanson ou un opéra, nous sommes à la fois transportés loin de nos soucis et profondément touchés par ce qui fait écho en nous. Face aux angoisses liées aux incertitudes et à l'ignorance, la sublimation représente la capacité de maintenir vivante la volonté de s'amuser et d'interroger le monde pour nous sortir de nous-mêmes. D'après ses origines latines, la sublimation désigne essentiellement un mouvement d'élévation au-dessus de la « fange » (*sub*, pris ici dans le sens d'« au-dessus » et *limus* signifiant la fange[4]). La sublimation est un merveilleux moyen de nous protéger de nos tensions sans nuire ni à soi ni à autrui. Elle est une ligne de force dans la route du Soi, « ce qu'on appelle sublimation est par sa nature même une réalisation de nous-mêmes[5] ».

« Aiglon au milieu des oiseaux de basse-cour », certains considèrent même qu'il s'agit du moyen de défense le plus réussi pour sa vie personnelle et dans la vie sociale[6].

Être curieux et apprendre nous éloigne non seulement de nos angoisses quotidiennes mais nous sauve des filets du refoulement, tout en nous procurant du plaisir. La sublimation constitue un moyen d'échapper à l'inhibition qui naît de l'angoisse, par l'intérêt que l'on peut développer pour des activités socialement valorisées (intellectuelle, artistique, morale). La littérature, la musique, la peinture permettent de vivre avec bonheur, ce que la vie quotidienne n'offre pas. La sublimation, quel qu'en soit le support, est donc bien une protection contre les vicissitudes du quotidien. Pour la psychanalyse, elle dérive de l'énergie contenue dans les pulsions sexuelles ou agressives.

Freud a été mis sur la voie de cette théorie de la sublimation à l'occasion d'une longue étude qu'il consacra au peintre Léonard de Vinci, enfant sans amour paternel, qui s'identifiait à sa mère et s'aimait lui-même comme il avait été aimé, enfant : sa passion pour l'expérimentation et sa sublimation artistique lui permirent de devenir ce génie incomparable.

Nous avons tous en nous un goût, parfois même une passion pour un domaine artistique, une activité culturelle qui nous fait oublier les tracas de la vie, et nous élève l'esprit.

Comme beaucoup, j'ai la chance d'avoir différents centres d'intérêt : la psychologie bien sûr, les facteurs humains, mais surtout, dans mes moments de doutes ou de mal-être, l'art ou le savoir. Quand je suis fatigué et que j'ai besoin de m'évader, j'écoute avec bonheur de la musique en voiture : je sens alors, presque physiquement, le soulagement s'installer. Jeune adolescent, j'ai adoré l'histoire au point, à un moment, de vouloir enseigner cette matière. Un peu plus âgé, grâce à un professeur de terminale particulièrement doué, je me suis plongé avec avidité dans les textes de philosophie, ce qui m'aura au moins permis de me dégager de mes angoisses de fin d'adolescence. Devenu adulte, dans un moment plus douloureux de ma vie et grâce à un ami collectionneur, je me suis pris de passion pour l'art africain. Cet intérêt ne s'est, depuis, jamais démenti. Outre leur beauté, les masques africains que j'aime tant regarder me rassurent sur la manière dont on peut gérer les grands problèmes de la vie, et il y en a presque pour tout : pour la maladie, le passage de la vie à la mort, la reconnaissance du pouvoir ou de la beauté. Lorsque je me sens déprimé, je m'accorde quelques instants pour me promener et visiter des galeries où je sais pouvoir trouver des objets à regarder et des connaisseurs à écouter parler. J'en oublie mes soucis existentiels. Pour chaque pièce que je vois et qui m'attire spontanément, je cherche à en connaître l'origine et à en comprendre l'usage symbolique dans l'ethnie et la culture dont cette pièce est issue. Je ne peux m'empêcher d'acheter un livre qui en parle ou d'aller à la bibliothèque d'un musée pour lire un article qui en expliquerait la fonction religieuse, médicinale ou représentative du culte des vivants et des morts. Mon amour pour l'art africain m'a sans aucun doute permis de supporter moins douloureusement cette période de ma vie qui était difficile. Aujourd'hui, il est à la source d'un savoir dont je suis amusé et d'un plaisir toujours aussi vif.

Dans le goût pour la lecture, chacun peut se sentir touché pour l'histoire des différents personnages qui s'animent au fil des pages, grâce aux mouvements de haine, d'amour, de désespoir ou d'espérance que l'on peut vivre soi-même plus directement. Lire fait travailler notre esprit, ravive la mémoire de soi, de ses sentiments, de ses relations aux autres. Lire amène à penser à soi. Écrire bien davantage.

Jean-Marc a eu une enfance difficile. Ses parents de condition modeste l'ont confié à des grands-parents qui, selon lui, ne l'aimaient pas. Il est néanmoins devenu un homme doux et conciliant – souvent trop. Il a terriblement peur des conflits et a du mal à formuler des avis qui seraient en contradiction avec ceux de ses amis. Au travail, il est apprécié pour sa capacité à rendre service et à ne jamais créer de problèmes. Pourtant, à la maison, il lui arrive de s'emporter brusquement et de réagir de façon disproportionnée. C'est rare, mais cela se produit parfois. Son entourage familial le considère néanmoins comme un homme honnête et généreux.

Pourtant, au fond de lui, Jean-Marc ressent un bouillonnement qu'il ne parvient pas à exprimer. À ses moments perdus, depuis longtemps, il s'est

mis à écrire et espère bien, un jour, être publié. Il m'avoue, car pour lui il s'agit d'un aveu, que ses ébauches de roman racontent des histoires d'une extrême violence : meurtres horribles, viols, incestes, etc. Dans ces moments-là, il lui arrive de me faire peur : je sens en lui une telle violence contenue que je m'interroge sur l'efficacité à long terme de cette capacité sublimatoire qu'il a réussi jusque-là à conserver grâce à l'écriture. Par bonheur, une éditrice reconnaît son talent et accepte de publier son dernier ouvrage. Tout naturellement, il prend alors confiance en lui et se sent un homme beaucoup plus équilibré.

Les expériences douloureuses, comme celles qu'a connues Jean-Marc dans son enfance, stimulent la sublimation et produisent parfois des réactions inattendues et nouvelles. On sait notamment que les activités sublimatoires se développent face à la mort, au deuil ou aux traumatismes de l'enfance[7]. Certains se mettent ainsi à peindre, d'autres à écrire. « Tout écrivain est un “ghostbuster”, un chasseur de fantômes », écrit Frédéric Beigbeder[8]. Hubert Haddad, auteur d'une œuvre impressionnante, note, quant à lui, à propos de son dernier livre *Géométrie d'un rêve* : « Un roman est un tel enjeu, sur tous les plans, qu'à certains moments de notre vie, on met tout dedans. Tout ce qu'on est et tout ce qu'on sait. C'est aussi par le roman qu'on réinvente sa vie – ce qui, parfois, est une nécessité, une question de survie. » Récemment, le prix Nobel de littérature 2009, la romancière allemande d'origine roumaine Herta Müller expliquait dans un entretien passionnant qu'elle avait été sauvée de sa jeunesse en Roumanie par l'écriture : « J'ai découvert que l'écriture vous donne une sorte de maintien intérieur[9]. » On pourrait ainsi multiplier les exemples, en littérature et dans d'autres arts, en sport ou parmi les chercheurs et les intellectuels[10]. Mais comme toutes les stratégies défensives, la sublimation, lorsqu'elle envahit la vie psychique du sujet, peut empêcher l'épanouissement complet de la personne, notamment dans ses composantes affectives et instinctuelles. Poussée à l'extrême, la sublimation pourra ainsi se faire aux dépens de la vie sexuelle. La sublimation bien comprise doit, elle, simplement savoir apaiser.

L'affirmation de soi

Savoir dire oui, ce n'est pas tout accepter ; savoir dire non, ce n'est pas tout contester. Savoir dire non, mais aussi savoir dire oui, c'est savoir s'affirmer, et ce n'est pas donné à tout le monde tout de suite...

Julie, 25 ans, est restée très attachée à sa famille. Elle a le souci de bien faire et de plaire à ses parents. Débutant sa vie professionnelle, elle est dévouée corps et âme à l'entreprise qui l'a recrutée. Elle ne peut pas s'empêcher, quand sa patronne lui demande quelque chose, d'en faire beaucoup plus que les autres. Peu à peu, elle prend conscience des inconvénients liés à cette façon d'être et des excès auxquels son besoin d'être aimée la conduit. Son père vient de traverser une période professionnelle difficile au cours de laquelle elle a craint, tant il paraissait déprimé, qu'il ne s'effondre. Sa mère était très inquiète. Femme au foyer, elle s'était toujours beaucoup appuyée sur son mari. Julie s'est sentie obligée de la soutenir aussi. Mais, pour la première fois, elle a su prendre la distance nécessaire, celle que sa culpabilité l'empêchait d'avoir avant. Parallèlement, dans son travail, elle apprend à mieux se défendre. Elle se rend compte qu'elle a été très exploitée et qu'elle s'est donnée à fond sans aucun retour. Julie a le sentiment que, pour la première fois de sa vie, elle s'affirme.

Le Suédois Stieg Larson, journaliste, ancien reporter de guerre, militant internationaliste, pourfendeur de l'extrême droite et auteur de la saga *Millénium* lue par des millions de lecteurs semblait habité par une rage, une colère immense contre le monde tel qu'il est, et surtout par l'affirmation personnelle qu'il était possible de le changer. Comme l'écrit un critique : « L'une des clés du succès de librairie de *Millénium* est de permettre à chacun de ressentir qu'un "petit" peut survivre dans un monde hostile, se rebeller et vaincre[11]. » On peut s'affirmer de façon excessive. Mais, comme Julie, on doit s'affirmer lorsqu'on n'est pas suffisamment reconnu, lorsqu'on manque de confiance en soi, lorsqu'on désire un changement dans sa vie ou pour les autres.

L'anticipation

Quel artiste, avant d'entrer sur scène, n'imagine pas le public qui va l'accueillir ? Sera-t-il le même qu'hier ? Sera-t-il différent ? Et lui-même aura-t-il le même plaisir à jouer ? Qui n'a pas vu un champion de ski, avant d'effectuer la descente vertigineuse, anticiper dans son esprit en répétant les mouvements qu'il devra effectuer, les étapes de sa performance ?

Face à un événement important – une rencontre, un entretien, une épreuve –, chacun de nous anticipe imaginairement sur ce qui peut se passer. Cette capacité à anticiper nous protège contre l'incertitude qui nous angoisse et nous permet de penser que nous contrôlerons davantage ce qui va arriver. De cette façon, nous envisageons l'avenir avec plus de confiance : nous nous représentons les différentes solutions possibles, nous en prévoyons les conséquences et, surtout, nous nous défendons contre les émotions qui pourraient nous déborder. L'anticipation nous épargne aussi la précipitation ou le sentiment de subir les choses. Ne sommes-nous pas rassurés lorsque nous avons réfléchi à une solution, que nous savons quoi faire pour atteindre un objectif, que nous avons un plan d'action précis ? L'anticipation nous protège d'ailleurs contre ce qui nous angoisse probablement le plus. Les religions, en anticipant sur ce qui se passe ailleurs ou dans l'au-delà, ont pour fonction essentielle de nous permettre de vivre moins dramatiquement l'angoisse de mort.

Marianne s'est arrêtée de travailler pendant un an à la suite d'un licenciement injustifié – et elle vient de gagner la procédure entamée contre son employeur. Elle a découvert au cours de cette année sans travail qu'elle pouvait pratiquer de multiples activités, ce qu'elle ne faisait pas avant. Elle a fait du sport, vu régulièrement ses amis, est allée au spectacle, s'est occupée de sa maison – elle s'est, à l'arrivée, sentie plus féminine aussi. Avant, elle investissait énormément son travail : sa vie privée passait au second plan. Aujourd'hui, elle souhaite retravailler, mais elle anticipe : elle réfléchit et se prépare dans sa tête pour éviter l'excès d'investissement professionnel dont elle a pris conscience ces derniers temps et, aussi, pour ne pas trop souffrir de ne plus disposer d'autant de liberté. Elle me dit qu'elle a toujours eu cette grande capacité à anticiper les événements et à imaginer des manières de résoudre les problèmes : cela l'a toujours beaucoup aidée. Face à l'angoisse liée à son retour, Marianne utilise sa capacité à anticiper comme ressource intérieure et comme force pour se défendre de ses appréhensions.

La manière dont nous utilisons ce pilier défensif différencie les optimistes des pessimistes. Les premiers anticipent positivement ce qui peut arriver. Leurs pensées se tournent d'abord vers ce qui peut être heureux, utile ou dynamique dans les situations nouvelles qui peuvent se présenter. On sait aujourd'hui que l'humeur positive est associée à une diminution de la mortalité, une amélioration des défenses immunitaires, une baisse du risque de diabète et de l'hypertension artérielle et protège même les coronaires[12]. Les seconds envisagent tout de suite dans ce qui peut arriver, les blocages, les difficultés ou même les impossibilités. Ils anticipent négativement. L'anticipation positive a évidemment des effets bénéfiques sur la santé physique et sur le bien-être. Elle peut être aussi particulièrement utile pour se protéger contre un événement douloureux. Face à une situation à venir qu'on ne peut maîtriser, on est confronté à un sentiment d'impuissance. Anticiper le plus objectivement possible ce qui va se passer apaise ce sentiment d'impuissance. On sait qu'un deuil anticipé permet de se défendre à l'avance contre les réactions douloureuses induites par la disparition d'un être cher et joue un rôle apaisant. Le célèbre pédiatre et psychanalyste Donald Winnicott, devenu âgé et pensant à sa propre fin, se mit, lui, à écrire son autobiographie « pour, comme l'expliqua sa femme, faire face à son problème de vie immédiate qui était celui de sa mort[13] »...

L'action

Agir de manière suffisamment construite et réfléchie, sans verser dans l'activisme ou le passage à l'acte impulsif, permet le plus souvent de se dégager de ses angoisses. Ce mode de protection, qui associe le corps et l'esprit, ne prend un caractère excessif que lorsque nos angoisses sont trop intenses : on parle alors d'hyperactivité ou d'activisme – ainsi, l'acharnement thérapeutique que pratiquent parfois certains soignants est clairement un moyen de lutter contre l'angoisse qu'ils ressentent au quotidien face à la maladie douloureuse ou incurable. Pour reprendre notre exemple, là où l'activisme médical prend l'agitation pour de l'action, l'action thérapeutique cherche, elle, à apaiser la souffrance du patient et l'angoisse qu'elle suscite chez le médecin ou le soignant. Se tourner vers l'action réfléchie, ce n'est pas verser dans l'agitation fébrile et stérile qui se substitue à la réflexion ou au vécu des sentiments. Agir, en effet, c'est privilégier l'initiative concrète et personnelle, se dégager d'une passivité ou d'une inhibition qui indique que l'angoisse n'a pas trouvé sa solution.

Chloé traverse une période difficile de sa vie. Elle est tombée amoureuse d'un homme qui sort d'une relation sentimentale compliquée et qui n'arrive pas à s'engager dans une nouvelle histoire. Il s'agit d'une jeune femme naturellement énergique mais qui, comme tout être humain, a besoin d'amour et de tendresse en retour de ce qu'elle-même donne. Elle accepte, mais souffre de cette situation qu'elle n'arrive pas à régler par elle-même. Pour se protéger contre ce qui l'attriste et la rend insatisfaite, elle décide d'accepter une promotion professionnelle qui demande initiative et engagement. Elle a conscience que ce choix va l'obliger à se dégager de ses problèmes personnels. De toute façon, elle commençait à en avoir marre de ne plus se reconnaître dans l'image de fille paumée qu'elle renvoyait depuis un certain temps. « Quand je travaille dur, je me sens mieux », dit-elle.

Au début était l'action, écrit Goethe. Du bébé qui s'agite lorsqu'il a faim ou cherche un contact apaisant, à l'adulte qui, en prise avec le quotidien, se donne les moyens de prendre des initiatives concrètes et d'en apprécier la réalisation, l'un des meilleurs moyens de gérer ses tensions est bien de se tourner vers l'action.

Le recours à autrui

Le sujet humain est une personne sociale. Mais la sociabilité va bien au-delà de la recherche de l'aide et du soutien d'autrui. La recherche d'aide, que l'on désigne sous le terme d'affiliation, peut porter sur différents types de soutien : soutien d'informations utiles face à une situation que l'on ne maîtrise pas ; soutien matériel ou financier face à une difficulté qu'on rencontre dans la réalité ; soutien d'estime pour se sentir rassuré sur soi-même, ses capacités et ses compétences ; soutien émotionnel qui confère un sentiment de protection, de compréhension et d'amour.

Il y a des personnes qui par timidité, par fierté ou par peur d'être rejetées utilisent peu ou mal cette aide. J'ai souvent entendu des personnes tristes ou angoissées me dire : « Je ne veux pas embêter les autres, ils ont déjà leurs propres problèmes. » Ma profession m'amène toujours à constater, au contraire, qu'une personne en difficulté a besoin de se sentir soutenue, écoutée, comprise. Les liens entre la santé physique ou psychique et le soutien social ont été mis en évidence dans de nombreuses études scientifiques[14].

Voilà longtemps que Jean-Louis effectue régulièrement des déplacements à l'étranger en tant que chef de mission adjoint. Aujourd'hui est un grand jour : c'est la première fois, en effet, qu'il se voit confier la respon-

sabilité principale sur une mission. Sera-t-il à la hauteur de cette nouvelle fonction ? Saura-t-il déléguer et s'appuyer sur ses collaborateurs ? Il a le sentiment qu'il sait demander l'aide d'autrui, mais qu'il le fait en se sentant redevable. Déléguer nécessite d'avoir recours à autrui, mais aussi de savoir conserver une certaine autorité pour éviter tout état de dépendance. À son retour de mission, Jean-Louis me dit qu'il a su déléguer et qu'il en a profité pour se décharger de tout ce qu'il n'aimait pas faire. Je retrouve là sa manière de présenter les choses sous un jour un peu négatif alors qu'au fond, nous savons, lui comme moi, pour en avoir discuté ensemble, combien il est orgueilleux et qu'il se défend contre ce sentiment qu'il juge inconvenant. Au fil de l'entretien, par les différentes anecdotes qu'il me raconte, il me montre qu'il a réellement su déléguer, et pas seulement ce qu'il n'aime pas faire. Il a surtout su ne pas s'isoler, accepter d'être aidé et même demander conseil sur ce qu'il ignorait et qui l'angoissait. Il en est incontestablement satisfait et, du coup, a même pris confiance en lui. Il me dit qu'il sera sûrement moins anxieux la prochaine fois.

En cas de stress professionnel, un soutien personnel ou collectif constitue une source importante d'apaisement.

La possibilité de trouver un soutien dans le groupe social a toujours été organisée dans toutes les cultures, en particulier lors des périodes difficiles ou douloureuses de la vie : la naissance, l'adolescence, la maladie, la mort. Aujourd'hui, le développement de groupes de soutien pour des personnes en difficulté sociale (perte d'emploi, chômage, précarité) ou en difficultés de santé (groupes de patients par pathologie) repose sur ce pilier que constitue le recours à autrui, véritable protecteur de l'angoisse que chacun peut utiliser personnellement ou collectivement.

L'auto-observation

Au-delà des découvertes scientifiques qui ont mis en évidence qu'une zone cérébrale, le cortex préfrontal ventromédian, s'activait quand un individu pensait à lui, nous savons combien l'éducation est un droit et un devoir pour tous. Si cette région cérébrale, considérée comme un détecteur d'informations relatives au Soi, favorise l'éducation et l'intelligence, elle permet aussi de savoir prendre du recul face à une difficulté qui paraît insurmontable. Nommer les sentiments, mettre en ordre ses pensées atténue l'inquiétude qu'ils provoquent. Les échecs, les menaces ou les dangers qui surgissent par moments dans la vie peuvent nous rendre plus intelligents à condition que nous réfléchissions à ce qui a pu se passer ou se passe au moment où on le vit.

Sarah est une jeune femme assez timide, très attachée à sa famille. Elle a eu un premier amoureux avec lequel elle souhaitait s'engager, mais qui n'a pas convenu à ses parents. Elle s'est soumise à la volonté parentale, mais regrette profondément son attitude docile. Elle en veut tout particulièrement à sa mère : c'est elle qui s'est montrée la plus critique avec son « fiancé ». Peu à peu, mais avec difficulté, la jeune femme commence à se détacher de ses parents. Cela ne se fait pas sans peine ni reproches, et elle y est toujours sensible. Elle est venue me voir parce qu'elle souhaite vivre mieux cette situation familiale. D'autant qu'elle vient de rencontrer un garçon et qu'elle a peur que, de nouveau, il ne plaise pas à ses parents. Un jour, elle arrive tout émue et me raconte qu'elle vient de rompre. Je lui demande si elle est toujours amoureuse. Gênée et malheureuse, elle me répond oui. Je lui demande alors si c'est en raison de ses parents. « Non, dit-elle, cela n'a rien à voir… » Son nouvel amoureux, alors qu'elle croyait qu'il l'invitait à dîner en tête à tête, a organisé un dîner avec sa

propre famille. La surprise passée, et la déception ravalée, elle est restée très angoissée. Bien que la soirée se soit déroulée agréablement, elle a eu le sentiment que son amoureux précipitait les choses, alors qu'ils étaient d'accord pour prendre leur temps. Et elle sait qu'elle a besoin, compte tenu de la complexité des liens familiaux, de pouvoir prendre son temps pour être sûre de son désir profond. Je la soutiens dans cette démarche qui me paraît constituer la meilleure protection contre l'angoisse qui pourrait l'envahir, si elle se sentait, de nouveau, comme par le passé, contrainte et soumise, non plus avec ses parents mais avec son nouvel amoureux. Il faut savoir réfléchir aux forces, aux faiblesses et aux secrets que l'on porte !

Sans minimiser l'intérêt des autres manières de faire face à la vie que je vais maintenant présenter, ces sept premiers piliers sont là pour nous aider à aborder positivement la vie et à nous adapter le mieux possible aux événements rencontrés tout au long de l'existence. Les recherches empiriques dans ce domaine ont incontestablement confirmé ce point. Les premières ont été menées sous la direction de George Vaillant avec une équipe très importante, l'équipe de l'Université Harvard à Boston. Dès les années 1970, ils ont d'abord montré, à partir de deux importants échantillons masculins, que l'utilisation avant l'âge de 50 ans des défenses ainsi évaluées permettait de prédire une bonne santé mentale, de bonnes relations sociales, une vie professionnelle satisfaisante, une relative joie de vivre et une certaine stabilité de couple. Les membres de l'un des échantillons étaient des étudiants ou d'anciens étudiants de Harvard ; ceux de l'autre groupe appartenaient à des classes sociales plus défavorisées. L'idée était de voir si les résultats concernant l'intérêt d'utiliser les meilleurs moyens de se protéger étaient indépendants du niveau social[15] ; ce qui a été prouvé.

Les travaux de cette équipe, toujours sous la direction de George Vaillant, ont également établi que la relation prédictive entre l'utilisation précoce de ces défenses optimales et leur emploi ultérieur se maintenait[16]. Leurs conclusions plus récentes font apparaître, pour l'« échantillon étudiants », que ces défenses permettent de prédire une bonne santé mentale et physique après 50 ans, une bonne adaptation sociale incluant stabilité familiale et satisfaction professionnelle entre 50 et 65 ans et une satisfaction globale face à la vie entre 60 et 65 ans. Il en allait de même avec l'autre échantillon. Une troisième recherche menée sur une population de femmes est encore venue confirmer ces résultats[17].

Plusieurs autres études ont depuis abouti aux mêmes conclusions. Récemment, une équipe de Berkeley a établi que, chez des enfants soigneusement suivis pendant plusieurs années, l'utilisation des meilleures manières de se protéger permettait de prédire une bonne adaptation ultérieure[18]. Inversement, plusieurs autres travaux ont montré que d'autres façons de se protéger, celles que j'appellerai dans le chapitre qui leur est consacré « nos défenses de dernier recours », semblent annoncer une évolution dans la vie beaucoup moins satisfaisante[19]. Les effets négatifs liés à l'usage excessif de ces défenses se renforcent même avec l'âge, sans doute en raison d'une difficulté accrue à faire face à la réalité telle qu'elle est. Tout confirme bel et bien qu'il existe de meilleures défenses que d'autres. Évidemment, ces résultats ne doivent néanmoins pas nous amener à croire qu'aucun changement au cas par cas n'est possible à ce niveau au cours de l'existence.

Chapitre 3

PRENDRE SUR SOI : UNE AUTRE MANIÈRE D'EXISTER

Les ressources présentées dans ce chapitre nécessitent un certain effort, mais poursuivre sa route est à ce prix. Personne n'est totalement dupe, à un moment ou à un autre, de la protection parfois artificielle et assurément momentanée qu'elles apportent. Qui n'a eu un jour conscience, plus ou moins rapidement, que ses propres douleurs lombaires ou ses maux de tête surgissaient lorsqu'il rencontrait une contrariété ? Qui n'a deviné qu'un interlocuteur un peu trop aimable cachait en réalité une certaine agressivité, sous-jacente mais réelle, à son endroit ? L'utilisation de ces moyens permet que le vécu ne soit pas trop douloureux pour les uns ou pour les autres, mais l'efficacité n'est que partielle. Ces défenses peuvent cependant comporter une part importante d'adaptation et de réussite dans certaines situations. Isoler ses sentiments des représentations peut constituer une qualité pour le chirurgien traumatisé face à un jeune accidenté de la route grièvement blessé. Cette forme de détachement affectif est nécessaire pour qu'il puisse opérer calmement et efficacement, mais elle peut être inadaptée dans d'autres circonstances dans une ambiance de fête, sur une piste de danse où il faut savoir apprécier sentimentalement l'instant.

Je regroupe donc ici différentes modalités défensives, toutes en notre possession, qui exigent, qu'on le veuille ou non, un certain travail de contorsionniste afin de se dégager des sentiments contraignants qui les accompagnent. Ces défenses transforment en partie notre vision de la réalité, parce qu'il nous faut, à ce moment-là, quand nous y recourons, nous dégager impérativement du mal-être ou de l'angoisse que nous éprouvons. Ce deuxième ensemble de ressources est utile, mais d'un maniement qui doit rester ponctuel. Je les présenterai en allant des plus naturelles pour chacun d'entre nous, les plus simples et les plus facilement reconnaissables aussi, à celles qui sont plus difficiles à repérer et qui nous sont pourtant parfois bien utiles. Ce deuxième ensemble regroupe l'identification, la séduction, la mise à l'écart, l'intellectualisation, le refoulement, le déplacement, la fuite, l'altruisme, la formation réactionnelle, l'isolation, l'annulation rétroactive, la somatisation, la rêverie et, enfin, la dépréciation ou l'idéalisation excessive.

L'identification

L'identification est un processus nécessaire, normal et positif dans le développement humain. Il s'agit d'un processus humain qui, dès la naissance et durant toute la vie, amène à s'approprier une qualité (ou un défaut) qui vous attire chez l'autre, en particulier lorsqu'on se cherche.

Dans la vie, l'identification, mécanisme nécessaire, normal et positif au cours du développement humain, permet la construction et le changement de sa personnalité. Elle va bien au-delà de la simple imitation. On désire devenir comme celui que l'on rencontre, que l'on admire, que l'on aime en s'appropriant l'une de ses particularités qui nous attire. Ce processus permet de maintenir une relation affective avec autrui et par ce moyen d'avoir une meilleure estime de soi. Sans ce mouvement psychique les relations humaines seraient impossibles. Il en est de la vie comme des romans : l'identification du lecteur aux personnages romanesques constitue l'essence des processus qui permettent à l'œuvre littéraire d'exister, d'être reconnue et partagée par un nombre illimité de lecteurs.

L'identification désigne à la fois le processus et son résultat. Elle est nécessaire au développement psychologique, en contribuant à la formation de la conscience de soi, de son identité propre, des ressemblances et des différences avec les autres. Ce mécanisme psychologique, constaté dès le début de la vie, repose sur un prototype physiologique d'incorporation de ce que l'autre peut donner : le bébé recherche bien évidemment la nourriture mais aussi l'amour de l'autre. Ainsi l'être humain passe progressivement de l'incorporation de nourritures terrestres à la recherche de sentiments agréables venant d'autrui. De l'incorporation de nourriture (obtenir ce que l'autre détient et qui nous nourrit), le bébé passe à l'identification qui constitue une étape supplémentaire et ultérieure qui requiert un esprit en développement, capable de reconnaître l'autre comme différent et attirant. Un petit garçon de

4 ans qui, en montant sur le tabouret de sa chambre, jouant à être le géant de l'histoire qu'il vient de lire ou de voir en DVD, montre qu'il cherche à se sentir plus fort : ce géant l'a attiré par une particularité qu'il souhaiterait posséder.

Pour le dire autrement, si nous nous développons affectivement, intellectuellement et socialement, cela n'est pas seulement dû à notre nature, aux effets de nos gènes et de notre physiologie ; cela est également dû à notre capacité à nous identifier consciemment et inconsciemment aux personnes qui nous entourent. C'est ainsi que, dans notre vie, nos rencontres humaines nous permettent d'évoluer et de changer.

Le processus d'identification comporte ainsi un certain nombre d'enjeux majeurs pour chacun d'entre nous qu'il est possible de résumer :

- Développer de nouvelles potentialités, de nouvelles forces intérieures qui favorisent l'estime de soi.
- Maintenir une relation affective avec quelqu'un qui compte pour vous.
- Se construire en ressemblant à un autre, à un groupe ou à des valeurs et des idées partagées.
- Changer dans sa personnalité, son comportement, ses désirs et ses motivations.

Ces différentes fonctions du processus d'identification peuvent se présenter pour différentes raisons. L'une d'elles est la protection de notre soi, quand nous voulons préserver un attachement qui nous importe, éviter ce qui nous angoisse ou encore entretenir l'estime que nous avons pour nous-mêmes ou pour les autres. L'identification permet des modifications du Soi qui intègrent les standards et les interdits dominants de sorte que nous ayons le sentiment de pouvoir compter sur le soutien des autres. Elle est ce qui assure le contrôle des réactions impulsives qui seraient inacceptables aux yeux d'autrui. La fonction défensive de l'identification permet de s'accommoder avec le monde et d'apaiser d'éventuels conflits humains. Comme l'a bien montré le psychologue Jean Piaget, cette fonction d'accommodation est une étape essentielle de notre relation au monde dès l'enfance.

Plus précisément, il existe deux formes particulières d'utilisation de l'identification comme protection de soi. La première consiste, face à l'agression, réelle ou supposée, de l'autre et à l'angoisse que cela suscite, à s'identifier à son agresseur. De cette façon, de sujet menacé, on devient sujet menaçant. Une situation particulière a mis au jour ce mécanisme : c'est le désormais fameux « syndrome de Stockholm » qui se caractérise par le comportement paradoxal d'un otage, qui se lie d'amitié avec son ravisseur, en adopte l'idéologie et en vient à reprocher aux forces de l'ordre et au gouvernement ce qui lui est arrivé. Anna Freud[1], à qui revient la découverte de ce mécanisme de défense, l'a illustré par l'histoire de Mowgli, le héros du *Livre de la jungle* de Kipling. Dans ce conte, en effet, chaque fois que le jeune personnage rencontre un animal dangereux, il s'écrie : « Nous sommes du même sang, toi et moi ! » L'identification à l'agresseur permet assurément de combattre les effets destructeurs d'un traumatisme. Dans la seconde forme d'utilisation de l'identification comme ressource défensive, on contrôle assez consciemment l'autre en imaginant qu'il est le détenteur ou le responsable de sentiments que l'on n'aime pas en soi. On renverse ainsi la situation, considérant que ses propres sentiments et ses propres pensées ne sont que la réaction aux sentiments que l'autre nourrit à notre endroit : on en oublie ainsi que c'est nous qui sommes à l'origine des intentions projetées.

Après avoir mené une existence tapageuse, marquée par beaucoup d'abus en tout genre (drogues, sexe, fréquentations dangereuses), Catherine qui se cherche depuis plusieurs années en vient à s'interroger sur ce qu'elle veut faire de sa vie. Veut-elle se marier ? Veut-elle exercer une activité qui l'intéresse et lui permette d'être indépendante financièrement ? Fille unique, Catherine a grandi entre deux parents qui lui ont toujours donné l'impression d'être passionnés, mais différemment, par leur métier. Son père, dit-elle, ne travaillait pas beaucoup, mais il était très doué ; sa mère, c'était tout le contraire. Si elle a pu souffrir de leur absence, elle sait aussi qu'ils se sont, chacun à sa manière, beaucoup intéressés à elle et qu'ils l'ont beaucoup aimée. L'un et l'autre étaient musiciens – son père chef d'orchestre, sa mère pianiste. Baignant dans un milieu où la musique était omniprésente, elle a failli elle-même s'inscrire au conservatoire, mais ses doutes et sa peur de ne pas réussir comme ses parents l'en ont empêchée. Ces derniers l'ont laissée libre, peut-être trop, de choisir. Rétrospectivement, elle se demande si ce n'est pas en effet son admiration à leur égard, en particulier à l'égard de son père, qui l'a amenée à ne pas s'engager plus tranquillement dans des études au conservatoire.

Adolescente, elle se sentait comme sa mère, une femme plutôt timide, introvertie, peu sûre d'elle, très affective et aimante. Devenue adulte, elle prend conscience qu'elle a cherché à s'identifier à son père pour se défendre d'un manque de confiance bien plus profond que ce qu'elle en montrait aux autres. Prise entre son admiration pour son père et son angoisse de ressembler à sa mère, elle comprend qu'elle s'est identifiée au comportement extraverti et affirmé de son père qui, dans son jeune temps, avait lui aussi mené une existence « tapageuse ». Inconsciemment, elle s'est efforcée de lui ressembler pour s'éloigner de sa mère. Prenant aujourd'hui cons-

cience de ce mouvement, elle voudrait rééquilibrer « ses identifications ». Pourquoi ne pas prendre, se dit-elle, les bons côtés de l'un et de l'autre, après tout… Cette décision lui donne subitement confiance en elle.

Il est humain, lorsqu'on n'a le sentiment de ne pas trouver suffisamment en soi les ressources qui permettent de faire face aux difficultés de l'existence, de chercher à s'identifier à ceux qui paraissent plus forts. C'est une manière compréhensible, très humaine en tout cas, de se protéger et de faire en sorte que la route de son Soi se construise et se poursuive. C'est aussi une manière d'apprendre de l'autre pour construire sa propre identité.

La séduction

Chacun a pu expérimenter qu'être séduit, pouvoir admirer sans arrière-pensée est beaucoup plus agréable qu'envier ou être jaloux. L'admiration que nous portons à quelqu'un qui nous séduit, par ce qu'il est ou par ce qu'il fait, nous pousse vers un bien-être.

Les représentations de la séduction sont multiples, dans la vie, dans la littérature, dans les arts. Pourquoi une telle place ? La séduction est un premier pas sur le chemin amoureux ; elle permet aussi, pendant un temps, de maintenir le désir sexuel en suspens, tout en le laissant implicite. La séduction nous empêche de nous montrer trop violents, trop impulsifs, trop irrespectueux de l'autre. À ce titre, elle nous force utilement à prendre sur nous sans nous faire perdre de vue notre objectif final. Elle crée une dialectique entre le visible et l'invisible, la scène publique et la scène privée. La séduction nous protège ainsi de l'inavouable, tout en le laissant partiellement apparaître. Plus encore, elle nous protège paradoxalement des difficultés que nous pouvons rencontrer avec les autres. Avec l'autre sexe, en particulier, elle cache souvent, derrière des dehors qui peuvent choquer, une vraie timidité et même une inhibition face à l'intimité.

> **Margot est une jeune femme très vivante, extravertie, qui aime le contact et les relations humaines. Elle est appréciée des autres, parfois jalousée. Sa manière de s'habiller, ses décolletés, son attitude séductrice mais, au fond, très réservée avec les garçons, choquent certaines de ses amies, mais elle ne peut s'empêcher d'être comme elle est, même si elle aimerait bien changer. Au fil de nos entretiens, elle prend peu à peu conscience que ce comportement spontané qui peut choquer cache au fond une timidité et même une inhibition en matière d'intimité, notamment avec les garçons. Son apparente attitude séductrice n'est au fond qu'un moyen de gérer une timidité qui la fait souffrir.**

Souvent mal comprise, la séduction cache une difficulté à se sentir admis par les autres, à exprimer sa peur de ne pas être suffisamment apprécié ou aimé. Plus la personne a le sentiment de risquer de se sentir différente ou d'être oubliée, plus elle ne trouve comme solution que de se renfermer sur elle-même ou de susciter un attrait pour l'autre. La séduction est souvent un moyen de faire passer un message qui ne peut passer autrement. La mère, confrontée à ce bébé dont elle ignore les craintes et les désirs, cherche à le comprendre, à dépasser ses propres appréhensions de ne pas être une bonne maman, en cherchant à lui plaire, en lui souriant pour le faire rire, en le caressant pour l'apaiser. Ce dernier n'est pas en reste. Toutes les études sur le sujet montrent combien, de son côté, le bébé cherche à attirer l'attention de sa mère par ses cris et ses pleurs, par des mouvements et des sourires qui la touchent. On pourrait même dire à partir de cette « situation anthropologique fondamentale[2] », dissymétrique entre le bébé et sa mère, que la séduction protège chacun de l'angoissante énigme que l'autre représente. Ne s'agit-il pas là du prototype de toutes les relations humaines qui cherchent à être heureuses ?

La mise à l'écart

Il est classique de mettre délibérément à l'écart du regard de l'autre, un secret. Pour autant, mettre délibérément de côté ce qui dérange ne constitue pas forcément un secret lourd et perturbant. Cette manière de faire dont tout être humain dispose, permet de se protéger et d'éviter ce qui gêne.

« Je n'ai jamais attaché d'importance aux premières fois. Premier baiser, premier amant, première cuite, premier mort, première grossesse, premier roman... », confie la romancière Agnès Desarthe, comme si elle avait mis à l'écart tous les émois de la jeunesse. Elle s'explique : « Comme chez beaucoup de jeunes, la célébrité occupait une grande place dans mon imaginaire... À 16 ans, j'ai dû me rendre à l'évidence : c'était fichu pour le jeune prodige... Mon premier roman fut publié en 1993. J'avais 27 ans. »

Agathe a une phrase rituelle dès qu'elle aborde un sujet sensible ou douloureux : « Ce n'est pas facile ! » Immédiatement après, elle part sur un autre sujet qui, à l'évidence, lui pose moins de problèmes. Ce jour-là, elle est en train de me parler de sa famille, c'est-à-dire des trois enfants qui habitent avec elle à la maison – sa fille, son fils et… son mari – quand la petite phrase tombe : « Ce n'est pas facile ! » Un silence s'ensuit, elle le rompt en enchaînant sur le stage de golf qui, aux vacances prochaines, lui permettra de se détendre tout en étant avec ses enfants et son mari. Elle est fatiguée depuis qu'elle a changé de cabinet où elle exerce son métier d'orthophoniste, mais elle ne regrette pas, car cela l'a fait progresser professionnellement. Dans ce nouveau cabinet, ses associées sont plus âgées, et elles ne lui font pas de cadeaux : à elle de leur montrer de quoi elle est capable. « Ce n'est pas facile ! » lâche-elle de nouveau. Immédiatement après, elle m'explique que sa meilleure amie, celle à qui elle dit tout, lui a proposé de déjeuner chaque semaine avec elle. Elle en est ravie ; vraiment, cette perspective lui met le cœur en joie. Quelques mois plus tard, Agathe est de nouveau inquiète. Elle vient de se rendre compte qu'elle a fait une grosse erreur en changeant de cabinet. Elle ne sait plus si elle doit rester ou partir. Elle souffre de cette situation, mais elle ne doit pas trop y penser, m'assure-t-elle, car cela risque de devenir obsessionnel…

Au total, Agathe restera plus d'un an et demi dans cette situation inconfortable, écartant délibérément le problème, n'en discutant ni avec son mari ni avec sa fameuse confidente. Lorsque j'arrive à l'amener à parler de ce qui l'angoisse, elle ne s'y refuse pas totalement, elle ne nie rien, elle ne fuit rien, mais elle manifeste ostensiblement son envie de mettre à l'écart le sujet et de rester à distance de tout ce ou ceux qui pourraient le lui rappeler. Sans trop la brusquer, je l'amène à clarifier ce qu'elle cherche vraiment dans son existence.

Comme chez tous ceux qui utilisent la mise à l'écart pour se protéger, il y a, chez Agathe, un rejet volontaire des problèmes, des conflits, des sentiments et des expériences qui peuvent inquiéter et tourmenter. Cette stratégie est évidemment utile dans des situations très pénibles mais cette mise à l'écart volontaire n'est malheureusement que momentanée. Le problème revient vite à la conscience et se traduit par le constat : « J'ai essayé de tout oublier... Mais je n'y suis pas arrivé. »

Il n'est pas rare, face à une personne qui souffre physiquement ou peut-être encore plus moralement, d'entendre son entourage et parfois ses médecins dire « N'y pensez plus », « Faites comme si vous n'aviez pas mal », « Arrêtez de vous soucier pour rien ». De telles phrases expriment un souhait en apparence naïf, mais seulement en apparence : au fond, il s'agit surtout pour chacun de se protéger contre ce qui le dérange et l'angoisse. S'il est préférable d'éviter de penser aux choses désagréables, surtout si l'on a une tendance à l'angoisse ou au pessimisme, il serait faux de croire que ce sentiment sera oublié à si bon compte.

Cette stratégie défensive de mise à l'écart ne peut réellement et durablement fonctionner que si elle accompagne une stratégie de diversion assurée par d'autres moyens de protection, par exemple, la sublimation par le travail intellectuel, le recours à autrui en quête d'un appui, l'action ou encore l'humour – on aura reconnu ici certains de nos meilleurs piliers protecteurs qui permettent un meilleur fonctionnement. Une mise à l'écart est donc possible et même utile dans la mesure où s'y associent d'autres stratégies défensives.

L'intellectualisation

Gérer les conflits en intellectualisant les problèmes qui se posent permet de prendre de la distance pour se protéger. Dans son étude sur l'intellectualisation comme force défensive du Moi, Anna Freud qui aime les formules marquantes, écrit : « Les dangers pulsionnels rendent les hommes intelligents. »

L'intellectualisation peut être utile dans la vie quotidienne, dans certains loisirs ou dans certaines professions. L'intellectualisation atténue parfois aussi l'état émotionnel qu'une situation affective suscite en nous, évacuant par exemple les conflits liés à telle ou telle relation. En revanche, elle ne résout jamais les problèmes une bonne fois pour toutes.

Recourir au débat d'idées ou à la généralisation des problèmes dans une situation qui nous angoisse amène à reconnaître, sans que ce soit conscient, qu'on est personnellement concerné. C'est le signe qu'on ne laisse plus suffisamment libre cours à ses sentiments. Leur substituer systématiquement une réflexion logique et apparemment objective peut tourner à une mauvaise intellectualisation, ou à ce qu'on appelle la « rationalisation ».

Celle-ci est proche de l'intellectualisation, mais à la différence de cette dernière qui ne déforme pas la réalité, la rationalisation dissimule les pensées ou les sentiments internes par des pensées apparemment objectives et rationnelles, ou des explications rassurantes mais erronées qui sont parfois incompréhensibles aux autres.

Le refoulement

Il en est des sentiments comme des paroles qui ne sont jamais totalement oubliées puisqu'elles ont été dites : des plus heureux aux plus douloureux, ces sentiments restent présents, mais dans un lieu secret, parfois inaccessible à notre conscience. Contrairement à la mise à l'écart, évoquée plus haut, où les problèmes et les sujets délicats sont simplement « en attente » et donc facilement remémorés, dans le refoulement ils sont rejetés dans l'inconscient et ne sont plus accessibles que par les voies d'accès inconscientes et notamment par le rêve, les lapsus, les associations d'idées imprévues, etc.

Cette conception de l'oubli issue de la psychanalyse est de nos jours de mieux en mieux validée par les recherches issues des neurosciences[3].

Le refoulement est un oubli particulier car il joue, comme les autres piliers protecteurs, un rôle positif.

Il permet notamment d'enfouir au plus profond de soi des événements qui dans l'enfance ont suscité des sentiments de peur ou de honte. Je me souviens de cet adulte qui, trente ans plus tard, a compris pourquoi il avait, par moments, sans savoir pourquoi, des difficultés à prendre la parole en public. Il se remémora tout à coup qu'à 6 ans, en classe, son maître d'école s'était moqué de lui devant tous ses camarades parce qu'il avait fait pipi dans son pantalon. Il avait totalement oublié ce souvenir qui l'avait pourtant poussé, pendant plusieurs mois, à ne pas se faire remarquer des camarades de son âge. Le passage en classe supérieure et la présence d'un nouveau maître lui avaient heureusement permis de refouler cette scène traumatique. Il était redevenu un enfant joyeux mais timide.

Le refoulement représente un oubli sélectif qui ne doit rien au hasard et qui permet d'éviter une prise de conscience désagréable. Pour bien distinguer l'oubli lié au refoulement d'un oubli banal, prenons l'exemple de la liste de courses que l'on fait pour aller au marché. Il nous est arrivé à tous de l'oublier. Que se passe-t-il alors ? Si nous disposons d'une excellente mémoire, il y a quelques chances pour que cette fichue liste nous revienne à l'esprit ; même dans ce cas, pourtant, nous en oublierons très probablement un ou plusieurs éléments selon sa longueur ; très probablement aussi, et cela est désormais prouvé, nous nous souviendrons plus facilement du lait et du pain qui y figuraient que des aliments inhabituels. On se souvient toujours plus aisément de ce qui est essentiel que du reste. (Cette capacité s'avère moins efficace dans les stades précoces de la maladie d'Alzheimer[4].)

Prenons la même situation concernant Mireille. Elle oublie, en même temps que la liste qu'elle a dressée avant de partir, le poisson que son frère lui a demandé de rapporter. Elle se rend compte de son oubli à son retour à la maison et en est sincèrement désolée. Lorsqu'elle m'en rapporte l'histoire en consultation, elle a entre-temps repris conscience d'un souvenir jusque-là totalement oublié. Lorsqu'ils étaient enfants, son frère l'obligeait à manger ce dont elle n'avait pas envie, certain d'obtenir le soutien de leur mère qui craignait que sa fille ne mange pas assez. Un jour, elle a fait volontairement tomber par terre son assiette avec, dedans, un poisson qu'elle détestait. Sa mère lui a administré à cette occasion une très sérieuse fessée… Elle a mentionné l'épisode à son frère : il n'en avait gardé aucun souvenir…

Ces images ou ces représentations refoulées semblent oubliées, mais sont en vérité conservées dans leur intégralité dans notre mémoire où elles échappent à l'usure du temps. Freud comparait le refoulement à l'ensevelissement de Pompéi. Cet oubli du refoulement n'est jamais définitif, et des souvenirs refoulés qu'il n'est pas possible de se rappeler consciemment peuvent réapparaître spontanément dans la vie courante. C'est ce que montrent l'histoire de Mireille et ce qu'on observe, très souvent, dans les rêves : on appelle ce phénomène le « retour du refoulé ».

Le refoulement est un mécanisme de défense présent chez chacun de nous. Il fonctionne dès l'enfance et tout au long de notre vie[5]. L'incapacité à refouler est même source de difficultés psychologiques, tout comme un refoulement trop intense est signe d'une souffrance qui doit impérativement être oubliée pour être surmontée.

« Je n'ai aucun souvenir de mon enfance », lâche Isabelle alors qu'elle est en train de me parler de son couple et de son sentiment de ne pas suffisamment exister. Sa difficulté à recomposer son passé est encore plus frappante. Ce n'est que très progressivement, de manière laborieuse, qu'elle parvient à évoquer son passé et à se rappeler, à voix haute, que sa mère, colérique, lui faisait peur et son père, très anxieux, l'angoissait. À 10 ans, il lui semble, si elle cherche bien, avoir appris que son père avait eu un autre enfant, un an avant sa naissance, avec une autre femme que sa mère. Bien sûr, elle le sait depuis, elle l'a toujours su, mais, pour elle, dans sa tête, c'est un peu comme si elle avait tout inventé. Au fond, cela n'existe pas… De toute façon, elle n'y pense jamais. Les jours passant, et les consultations s'enchaînant, Isabelle prend peu à peu conscience que son sentiment de ne pas exister dans sa vie actuelle de couple renvoie à des sentiments beaucoup plus anciens. Ses parents ne l'ont pas vraiment désirée, ils avaient trop de difficultés matérielles et affectives à cette

époque pour vouloir un enfant. Tous ces éléments douloureux de son histoire, elle les a longtemps refoulés pour ne pas souffrir, mais ils n'étaient pas totalement oubliés ; son sentiment pénible de ne pas exister trente ans plus tard en atteste...

Le refoulement protège la personne contre la prise de conscience de ce qu'elle a vécu dans le passé et que sa vie actuelle pourrait l'amener à revivre. Les éléments affectifs sont présents, par exemple, un sentiment de tristesse pouvant émerger trop facilement, mais les souvenirs auxquels ils sont attachés restent hors du conscient.

Le refoulement est donc ce faux oubli, sélectif, non définitif mais qui permet à la personne d'éviter une prise de conscience pénible de ce qui a été vécu. Le refoulement est un pilier protecteur courant, commun à tous. Il réussit à protéger de ce qui dérangerait trop, mais la peur de se souvenir peut aussi détruire la mémoire. Précisons qu'un refoulement qui échoue peut aussi bien provoquer des symptômes somatiques – une fatigue perpétuelle, par exemple – que des symptômes psychiques – certaines idées obsédantes, notamment.

Le déplacement des problèmes

Le sujet confronté aux facteurs de stress ou aux conflits émotionnels déplace un sentiment ou une réponse destinée à une personne sur une autre à l'égard de laquelle il est moins engagé ou qu'il juge moins réactive que celle à laquelle il se serait initialement adressé. Le déplacement permet ainsi d'exprimer ce qu'on a envie d'exprimer mais de façon moins dangereuse pour l'image de soi et pour le maintien d'une relation satisfaisante avec ceux qui vous ont dérangé ou agressé. On peut par exemple exprimer sans en prendre conscience, dans un dîner entre amis, des sentiments de colère à l'égard de ceux qui conduisent en état d'ivresse, alors qu'un des convives vous agace en se versant de façon ostentatoire dans son verre le vin de la bonne bouteille que vous avez ouverte pour l'ensemble des invités. Le déplacement se fait donc en fonction de points de ressemblance entre celui auquel on aimerait s'adresser et celui ou ceux auxquels on s'adresse en réalité. Ce moyen de défense ne porte pas uniquement sur un déplacement de personne, il peut également concerner des situations extérieures ou même des objets.

Déplacer les problèmes est un moyen d'apaiser ses frustrations ou ses angoisses. Chacun d'entre nous utilise fréquemment cette ressource interne pour se protéger de ses soucis : le conducteur impute sa fatigue suscitée par les difficultés de circulation à l'ingénieur qui a fait les plans de cette route sinueuse ; l'élève reporte son stress dû à un travail insuffisant sur ses professeurs qu'il considère incompétents, le mari parle des dépenses excessives de son épouse en qualifiant sa cousine de « vraie cigale », etc.

Béatrice, 50 ans, a toujours été à la recherche d'un équilibre dans sa vie et cet équilibre, elle l'a trouvé d'une manière particulière : « En compensant », dit-elle. Elle n'est pas satisfaite de sa vie de couple, bien que, par ailleurs, elle estime et soit attachée à son mari. Elle n'est pas satisfaite des contraintes concrètes qu'impose son travail, bien que ce dernier l'intéresse. Dans un cas comme dans l'autre, elle compense. Pour ne pas penser à ces difficultés de couple, elle s'est inscrite sur des sites de rencontre sur Internet : elle établit ainsi des relations durables avec des hommes plus jeunes qu'elle ne rencontre jamais. Pour ne pas penser à ses difficultés au travail, elle s'est octroyé une liberté d'horaires qui, apparemment, semble bien tolérée par ses patrons.

Quand je lui demande pourquoi elle ne cherche pas plutôt un autre homme, pourquoi elle ne change pas plutôt de travail, elle me regarde, étonnée, et m'explique qu'elle n'a jamais fonctionné en cherchant une situation plus satisfaisante, mais en déplaçant les problèmes. Elle procède de la sorte depuis qu'elle est petite : née dans un milieu défavorisé, elle a compensé en réussissant ses études ; à l'adolescence, ne se sentant pas jolie, elle a compensé en faisant du sport pour apaiser son manque de confiance sur son physique ; plus tard, elle s'est mariée une première fois avec un homme qui avait de gros problèmes psychologiques, un médecin lui a conseillé de le quitter ; pendant vingt ans, elle a préféré avoir un amant. Au fond, elle n'aime pas affronter les problèmes directement, elle les déplace.

Déplacer les problèmes peut apporter un certain équilibre, mais ce moyen d'échapper aux conflits avec les autres ou à ses propres difficultés correspond-il à une véritable solution ? Rien n'est moins sûr.

Prenons le cas de Julien. Lui non plus, n'est pas satisfait de sa vie de couple. Il a connu un premier grand amour dont il n'a jamais fait le deuil. Sa compagne actuelle, qui manque par trop de confiance en elle, ne lui apporte pas le bonheur et le plaisir qu'il a connus autrefois. À la fin de ses études, il est parti un an aux États-Unis pour compléter ses diplômes. Il en garde un excellent souvenir et s'est fait des amis avec lesquels il est resté en contact. Pour les vacances d'été qui vont arriver, il a décidé de retourner là-bas pour la première fois. Il y part enchanté et en revient enthousiaste, m'expliquant que la vie y est bien plus agréable qu'en France et qu'il y a retrouvé le sentiment de liberté qui lui manquait depuis si longtemps. Sa décision est prise : il va chercher un travail qui lui permette de s'installer dans ce pays. Sa compagne est prête à le suivre, elle n'y fera pas obstacle. Tout en discutant avec moi, il prend peu à peu conscience que ce projet de départ est aussi dû à ses difficultés de couple. En fait, non, s'il est honnête, il n'a pas très envie que sa compagne vienne avec lui. Ce qu'il veut au fond, c'est changer d'air, et moins d'aire géographique que d'air sentimental…

Souvent le désir de « changer d'air », de changer de lieu de vie ou d'activité nous traverse l'esprit. Sur le moment, cela nous apparaît comme la seule solution à nos problèmes. Et cela l'est parfois. Toutefois, avant de passer à l'acte, mieux vaut réfléchir à ce que l'on veut obtenir qu'à ce que l'on cherche à fuir. Cela étant dit, le déplacement a souvent des conséquences positives pour qui l'utilise et pour qui en bénéficie, à condition de ne pas tourner au déni de l'angoisse ou du chagrin que l'on éprouve et qu'il faut parfois savoir exprimer et avoir le courage de vivre pour s'en dégager.

Monique est en grande rivalité avec sa sœur. Cette dernière l'agresse régulièrement, surtout lorsqu'elles se retrouvent chez leur mère. Monique s'interroge sur les raisons qui amènent sa sœur à l'agresser assez systématiquement toujours en présence de leur mère. Elle se rend compte que sa sœur en veut à leur mère de ne pas la soutenir financièrement. Cette sœur déplace l'agressivité qu'elle ressent à l'égard de sa mère sur Monique.

Nous voyons dans cette situation qu'il est souvent plus facile de se rendre compte des mécanismes de défense des autres que des siens propres.

Une amie vivant à l'étranger me téléphone pour m'annoncer qu'elle vient de perdre après une longue maladie son mari. Je sais qu'elle s'en est occupée avec beaucoup de dévouement et de disponibilité. Cela l'a amenée

à réduire son activité professionnelle, car elle a participé pendant plus de deux ans à tous les soins que l'état de son mari nécessitait. Quelque temps après qu'elle m'a annoncé la triste fin de son époux, je l'appelle pour prendre des nouvelles. Elle m'explique qu'elle s'est lancée dans de multiples activités et a repris son travail à plein temps. « Pour ne pas trop penser », ajoute-t-elle. Quelques semaines plus tard, je la rappelle. Elle me parle alors d'une de ses petites-nièces qui a des problèmes de santé assez graves, à la fois physiques et psychologiques. Elle souhaite s'en occuper, c'est important, et qui mieux qu'elle pourrait s'en charger ? S'il le faut, elle arrêtera toute activité. Je lui conseille de ne pas être dans le tout ou rien, il est bien qu'elle soit disponible pour cette enfant, mais il faut aussi qu'elle prenne soin d'elle et de sa vie personnelle. En mon for intérieur, je me dis que le déplacement qu'elle fait de son mari sur sa petite-nièce, favorisé par les événements récents, lui permet de surmonter positivement son deuil mais qu'elle doit veiller à ne pas nier totalement la réalité de la disparition de ce conjoint tant aimé.

Le problème que pose souvent le déplacement réside dans l'absence de conscience claire que l'on a de « traiter » par ce moyen les situations auxquelles on a à faire face.

La fuite

La fuite des problèmes est généralement beaucoup plus consciente que le déplacement. Parlant du roman de Joseph Roth *Loin d'où,* Claudio Magris[6] rappelle que ce titre est emprunté à une blague juive : deux hommes se rencontrent sur un quai de gare, chargés des valises. « Où vas-tu ? » demande le premier. « En Argentine », répond l'autre. « Ah, tu vas loin. » L'autre, perplexe répond : « Loin d'où ? »

Dans la fuite, l'erreur est de se fixer plus sur l'endroit que l'on cherche à quitter plutôt que de s'interroger avec suffisamment d'objectivité sur les avantages et les inconvénients de l'endroit où on rêve d'aller.

Julien, 32 ans, a une mère fusionnelle : il l'aime, mais elle l'étouffe. La situation est encore plus difficile à vivre depuis que son père est tombé gravement malade. Elle a encore plus besoin de lui maintenant. Et lui, il n'en peut plus. Rien à faire, il ne laissera pas sa mère venir à bout de sa propre vie de couple et de père.

À la même époque, un changement professionnel s'offre à lui qui l'oblige à partir à l'étranger. Il est tenté, d'autant qu'il s'agit d'un pays aux antipodes de la France. Il hésite tout de même, puis accepte et profite de la possibilité de cette offre pour prendre ses distances. La psychothérapie qu'il entreprend là-bas lui permet partiellement d'affronter deux problèmes majeurs : une culpabilité excessive, sur laquelle sa mère s'appuie, et un attachement filial qui ne correspond pas à son âge ou à sa vie de jeune adulte. De retour en France, il vient me consulter pour poursuivre le travail personnel qu'il a entrepris au loin. Après quelques mois d'entretiens en face à face, se sentant beaucoup plus sûr de lui, il m'avouera : « Je n'ai plus besoin de me protéger comme avant… Je n'ai plus besoin de fuir mes problèmes comme avant… Maintenant, j'arrive juste à mettre la distance qui me convient sans faire de kilomètres. » Et l'attachement à sa mère qu'il a cherché à oublier le temps de son voyage lointain ? « Il est intact, me répond-il avec un large sourire, et tant mieux, mais maintenant, j'arrive à respirer… »

La fuite est sans doute la protection la plus animale que nous conservons de nos lointains ancêtres. Une autre manière de fuir les problèmes est de se mettre en colère sans la ressentir profondément. Cette manière libère le sujet d'une discussion qui lui demanderait un plus grand effort.

« Courage, fuyons » est une phrase que l'on peut entendre ou se dire à soi quand nous ne nous sentons pas d'attaque pour faire face à un conflit conjugal ou à une difficulté professionnelle. Éviter de rencontrer une personne, ne pas répondre au téléphone, « s'inscrire » aux « abonnés absents » correspond à des situations de la vie quotidienne que nous avons tous rencontrées. La fuite peut aussi être le meilleur moyen de poursuivre sa route. N'est-il pas préférable de fuir plutôt que de s'épuiser dans un combat perdu d'avance ? La question est de bien connaître la limite entre la protection et la lâcheté. Jusqu'où acceptons-nous de fuir et pour quoi sommes-nous prêts à nous battre ?

L'altruisme et la dépendance

Répondre aux besoins des autres, venir en aide et satisfaire ainsi ses besoins d'attachement et de relations sociales, c'est cela l'altruisme. Plus encore venir en aide à un inconnu est une manifestation particulière et noble. L'altruisme n'est pas en soi un comportement soupçonnable ou nécessairement une forme d'égoïsme dissimulé. En revanche, il peut comporter des pièges et c'est ainsi que l'on découvre parfois que le pompier est un pyromane, le chirurgien un sadique secret ou le psychiatre un gourou qui cherche à exercer un pouvoir excessif sur autrui.

Se dévouer ou se sacrifier pour un être aimé n'a rien à voir avec un système de défense. L'altruisme n'est pas un moyen de se défendre de ces conflits personnels mais il peut le devenir. En canalisant des sentiments négatifs comme la colère ou des expériences d'impuissance, l'altruisme a une fonction protectrice. En effet, il renforce une capacité d'agir, d'être généreux et de dépasser l'image négative que nous pourrions avoir de nous-mêmes. En faisant preuve d'altruisme, chacun reçoit sous la forme d'un bénéfice secondaire une gratification partielle ou un bénéfice direct : l'estime d'autrui qui favorise l'estime de soi.

Pour sonder la pureté altruiste, il suffit de se demander si l'on ne possède pas, dans le fond, des mobiles cachés : se faire admirer, contraindre à la gratitude envers soi et surtout atténuer quelque sentiment de culpabilité. Plus positivement, on peut dire qu'une aide altruiste constitue un idéal élevé et contient en elle-même sa propre récompense.

L'altruisme, lorsqu'il a une fonction protectrice repose sur trois caractéristiques majeures[7] :

- *Le retournement en son contraire d'un sentiment de culpabilité ou d'hostilité,* qu'on masque par une attitude de générosité affichée. C'est ainsi un mode particulier de *formation réactionnelle* (voir *infra*, p. 76) : les pulsions hostiles n'ont pas disparu, mais elles sont refoulées et maintenues actives par la tendance inverse.
- *Le détournement de l'agressivité* qui est déplacée vers des buts « nobles ». L'altruisme est donc aussi un mode particulier de déplacement et de sublimation.
- *Un plaisir qu'on s'offre à soi-même,* par procuration, en faisant croire qu'on se le refuse et qu'on aide les autres à l'obtenir. Comme écrivait Nietzsche, « le culte de l'altruisme est une forme spécifique de l'égoïsme[8] » ; disons plutôt, ce serait plus exact, que c'est un mode particulier d'identification projective.

Venir trop systématiquement en aide aux autres caractérise bien Juliette. Elle reconnaît que sa vie est dominée par le souci de bien faire, par les « je

dois », les « il faut ». Elle s'est énormément consacrée à sa famille, en particulier à ses frères et sœurs dont elle est l'aînée. Cela est en partie dû à l'exemple de sa mère dont la vie n'a été qu'un long sacrifice. D'ailleurs, comme sa mère, Juliette manque d'assurance et c'est son dévouement qui lui donne une meilleure image d'elle-même. Les années passant, elle prend de plus en plus conscience que cet altruisme la rend dépendante. De ses frères et sœurs, et, plus largement, de tous les autres. Elle commence à comprendre qu'elle se défend de son manque de confiance en elle par un dévouement qui la valorise à ses yeux et aux yeux des autres qui l'admirent.

Ainsi, dans ce genre de situations, au lieu de rendre profondément service à l'autre, allant jusqu'à favoriser en soi et en eux des attitudes de passivité ou de dépendance, c'est nous-mêmes que l'altruisme protège à notre insu. Quand cette fonction protectrice l'emporte sur toutes les autres, c'est qu'il existe une relation directe entre la réponse altruiste telle qu'elle se donne à voir et les sentiments négatifs dont on tente en profondeur de se dégager. À un degré de plus, certains trouveront dans l'altruisme une façon d'exister relativement satisfaisante par rapport aux sources profondes d'angoisse qui sont les leurs : en comparaison, la dépendance et l'exploitation dont ils sont souvent victimes leur sembleront bien minimes.

L'inversion des sentiments ou la formation réactionnelle

Rire pour ne pas pleurer. Dans *Un roman français*[9], son auteur, Frédéric Beigbeder, nous fait comprendre que derrière chacun de ses éclats de rire (médiatiques) se cache un homme qui souffre et pense être un raté.

Une autre manière de se défendre contre un sentiment de gêne, de honte ou de colère est de lui substituer un sentiment contraire, moins pénible et plus acceptable. La formation réactionnelle est ce mécanisme qui se développe au profit des valeurs prônées et défendues dans tel ou tel contexte historique, social et culturel[10].

Cette « digue psychique » est utile dans la vie courante et pour le bon déroulement des relations humaines et sociales. Elle permet d'éviter un trop fort sentiment de culpabilité.

Marguerite vient de passer d'excellentes vacances. Pour la première fois de sa vie, elle s'est autorisée à louer une maison très confortable dans un endroit chic et à la mode. Jusque-là, bien qu'elle en ait toujours eu les moyens, elle s'y refusait : elle ne voulait pas montrer qu'elle avait de l'argent, elle ne voulait pas se distinguer de ses amies d'enfance qu'elle avait conservées et qu'elle avait toujours senties jalouses. Cela lui permettait aussi de satisfaire la morale familiale, de faire comme ses parents lui avaient toujours dit qu'il fallait faire : ne pas se mettre en avant, ne pas montrer qu'on a plus, rester discret.

Au travail, pendant des années, elle a ainsi eu le sentiment de ne pas en faire assez, même si, bizarrement, elle a toujours su qu'elle participait assez largement aux bénéfices de l'entreprise. Face à son patron, pas question de dire non, de réclamer ou de parler d'argent : elle s'est toujours montrée conciliante, malgré l'agressivité qu'elle ressentait à son endroit. Ayant grandi dans l'idée qu'il ne faut pas déranger les autres, qu'on peut toujours mieux faire et qu'on se doit, avant tout, d'être respectable, elle a pendant longtemps été incapable d'exprimer franchement ses désirs, ses choix et ses opinions. Même dans sa vie privée, elle a accepté le caractère exigeant et autoritaire de son conjoint, toujours prête à l'excuser parce qu'il travaillait beaucoup et occupait un poste important.

Aujourd'hui donc, pour la première fois, elle éprouve un sentiment de liberté presque général, comme si elle s'était affranchie d'un tabou lourd

à porter et très prégnant. Elle l'attribue à la prise de conscience, toute récente, du poids que son éducation a eu sur sa vie jusque-là ainsi qu'à une envie assez furieuse de s'en dégager. Lors d'un récent dîner entre amis, elle a ainsi surpris tout le monde en prenant la défense de ceux qui aiment l'argent et savent en profiter. Sur le moment, elle ne s'est pas rendu compte du malaise qu'elle créait. Devant la mine stupéfaite, parfois indignée de certains, elle a cherché à tempérer ses propos, persuadée pourtant qu'elle avait raison. Mais elle peut comprendre : elle a refoulé pendant tellement longtemps ses vrais désirs qu'elle a peut-être tendance à aller trop vite, à brûler les étapes : elle doit laisser aux gens le temps de se faire progressivement à la personne qu'elle est en train de devenir. Dans sa première vie, Marguerite utilisait beaucoup, sans en avoir conscience, la formation réactionnelle. Cela la protégeait de la culpabilité qu'elle ressentait vis-à-vis de ceux qui avaient beaucoup moins de moyens qu'elle et, aussi, de l'impression qu'elle avait parfois que ses parents « en faisaient trop » pour ne pas montrer la réalité d'une existence dont il n'y avait pourtant pas de raison d'avoir honte.

L'utilisation de la formation réactionnelle comme ressource défensive peut être à l'origine d'une certaine rigueur, bienvenue dans certaines situations mais inadaptée dans d'autres. Cette stratégie défensive nous protège généralement en nous donnant une meilleure estime de nous-mêmes et une meilleure image aux yeux d'autrui. Elle ne doit néanmoins pas nous empêcher d'exister. Être capable d'exprimer ce que l'on ressent – sa jalousie devant la réussite d'une personne ou la beauté d'une autre –, savoir faire des dépenses importantes lorsque cela est nécessaire, goûter un aliment interdit sans craindre de prendre du poids, supporter un certain désordre dans sa maison si l'on n'a pas le temps de ranger, se laisser aller toute une matinée au repos sans penser à tout ce que l'on doit faire, ne pas montrer systématiquement une extrême amabilité ou une excessive gentillesse : tout cela témoigne d'un caractère qui n'est pas (trop) dominé par la raideur qui va avec ce mécanisme.

L'isolation : penser mais ne rien ressentir

L'isolation est ce moyen de défense qui permet d'isoler la pensée ou la représentation d'une situation – par exemple, d'un événement traumatisant – des sentiments qui y sont normalement attachés. C'est l'image, dans la vie courante, d'une maison qu'on protégerait contre un excès de chaleur par une protection thermique adaptée : la température extérieure n'est pas supprimée, mais l'intérieur de la maison en est protégé[11]. N'est-ce pas préférable ? Quand on se sent menacé par un vécu émotionnel, mais qu'on est confronté aux idées ou aux événements qui s'y rattachent, il peut être « confortable », surtout si ces sentiments sont forts, de les repousser jusqu'à ne plus les percevoir du tout. Cela fait, on peut décrire en détail l'événement pénible, et n'exprimer ni par le ton de sa voix ni par l'expression de son visage ni par aucun autre indice l'émotion ressentie. Ainsi, une séparation s'installe entre la représentation et le sentiment qui lui est généralement associé et qui lui est, même ici, encore lié. Comme l'explique Daniel Widlöcher, le mécanisme d'isolation est un mécanisme très utile et très utilisé pour se protéger de connexions associatives trop fortes[12]. Mais quelqu'un qui emploierait ce mécanisme en permanence donnerait l'impression de ne jamais ressentir d'émotion face à un événement douloureux, d'être totalement détaché de ce qu'il a vécu et de ce qu'il raconte sur lui-même.

Arthur s'étonne ne pas avoir pleuré à l'enterrement de sa grand-mère qu'il adorait et de ne pas ressentir de chagrin ni de tristesse. Sa sœur, ses proches, ses amis disent souvent de lui qu'il est insensible aux difficultés que les gens rencontrent dans la vie. Pour lui, cette froideur est un masque : il lui arrive d'être très ému ; seulement, il ne le montre pas, par pudeur et par peur, aussi, d'être débordé par ses sentiments.

Suite à un concours administratif qu'il réussit, je le félicite et lui demande s'il est heureux de ce succès. Il me répond que cela ne lui fait rien, qu'il n'en est ni content ni mécontent. Il a toujours été ainsi, m'explique-t-il. À l'école déjà, il avait la même réaction avec les notes, bonnes ou mauvaises, qu'il obtenait. Remontant dans le passé, il me raconte que son frère est mort dans un accident qui a ébranlé toute sa famille : il était petit, il avait 8 ans ; son frère en avait 3. Je pense qu'il a déjà fait le lien dans sa tête entre ce drame familial et l'insensibilité qu'il affiche depuis, mais il ne le formule pas explicitement et préfère changer de sujet…

L'isolation est une stratégie défensive à l'origine d'un comportement dominé par la froideur et la distance face à tout ce qui, chez les autres, susciterait une réaction sensible – dans le monde professionnel, on entendra ainsi dire de certains grands managers qu'ils sont des animaux à sang froid. On a même décrit en clinique courante un trouble désigné sous le nom d'alexithymie (« pas de parole pour les émotions ») qui caractérise des individus présentant une difficulté notable à identifier et décrire leurs sentiments[13].

L'annulation rétroactive : une marche arrière sur ce qu'on vient de dire

Autre manière de protéger son Soi, tout en prenant sur soi : minimiser ou préciser immédiatement ce que l'on vient de dire pour atténuer ou même carrément inverser l'effet négatif de ses propos sur autrui. On se protège ainsi du mouvement affectif qui nous a emportés trop loin ou de paroles qui ont dépassé notre pensée. Le but de l'annulation d'une pensée ou d'un sentiment que l'on vient d'exprimer ou de ressentir est donc de nous aider à maintenir une relation satisfaisante avec les autres. Ce qui se passe dans la conversation peut se produire dans le comportement quand le sentiment d'avoir commis une action désagréable conduit à exécuter, parfois aussitôt, l'action contraire. Cette attitude peut être spontanée ou bien initiée par la demande de clarification ou de précision de l'interlocuteur : sentant le danger venir, embarrassé, on s'engage alors dans une sorte de marche arrière qui, à l'arrivée, ne facilitera pas la compréhension de ce que l'on pense, ce que l'on aime, ce que l'on veut. Il ne s'agit pas ici de regrets ou de remords qui, lorsqu'ils sont justifiés, ne correspondent pas à cette modalité défensive. Chercher à réparer n'est pas annuler.

Gaspard a envie de présenter Leila, sa petite amie, à la bande de copains qu'il connaît depuis l'enfance. Il lui en parle, évoque cette possibilité avec elle, puis, juste après, exécutant une sorte de marche arrière, il lui explique que, non, finalement, ce n'est pas important et qu'il n'y tient pas plus que cela. Lorsque je l'interroge sur son comportement, il me raconte qu'il a réagi ainsi pour éviter que sa petite amie ne se fâche. Il sait en effet que celle-ci souhaite que leur relation soit mieux « engagée »

avant d'être « officialisée ». Et lui ? Il me répond qu'il se sent prêt à « officialiser », même si cela l'angoisse. Il lui arrive de ressentir une telle hésitation de la part de Leila que, parfois, il explose. Par exemple, pour les prochaines vacances, il avait décidé, sans même la consulter, qu'ils resteraient ensemble pendant les deux mois d'été. Elle a refusé. Il a hurlé, puis est parti en claquant la porte. Le lendemain, il n'a pu s'empêcher d'aller lui acheter des fleurs. Il lui a même cherché un cadeau d'anniversaire, une bouteille de parfum. Au moment de passer en caisse, il a hésité, s'est dit que les fleurs suffisaient peut-être. Craignant de manifester, cette fois encore, un sentiment trop fort, il a reposé la bouteille de parfum, indécis et déjà coupable… Les mouvements d'annulation rétroactive de Gaspard lui permettent de moduler et d'atténuer les excès que son désir intense d'« officialiser » sa relation avec Leila pourrait susciter.

On voit bien dans l'histoire de Gaspard, la succession de deux sentiments, deux idées, deux conduites différentes, la seconde supprimant la première. Lorsqu'il existe, comme chez ce jeune homme, une impossibilité réelle à mener une action jusqu'à son terme, malgré l'envie de le faire, il faut savoir qu'une telle ambivalence s'accompagne souvent d'une vive souffrance.

La somatisation : exprimer par son corps

L'être humain « confectionne » son corps comme on confectionne une robe pour se protéger d'une nudité trop crue. Rougir pour ne pas exprimer son désir, sa culpabilité ou sa honte en est un des exemples les plus évidents. L'écriture (maquillage, vêtements), et par là même la lecture du corps qu'elle induit, fait comprendre ce qu'on souhaite en partie se cacher et cacher aux autres.

La manière dont notre corps s'exprime et dont nous le faisons s'exprimer est un compromis qui nous protège d'une manifestation trop claire de nos désirs ou de nos peurs. S'intéresser à la façon dont, volontairement ou pas, notre corps parle pour nous revient à décrypter un ensemble de signes, les uns affichés, les autres tus, dont le but est de nous protéger de nos pulsions ou de nos angoisses.

Aussi, quand notre corps manifeste certains signes de souffrance sans qu'il y ait de maladie somatique avérée, il est important de s'interroger sur ce que ces manifestations dissimulent et sur l'éventuelle protection que cette douleur, visible et anxiogène, pourrait assurer contre une irritation ou une angoisse plus profonde.

> **Au tout début de notre premier entretien, Diana se présente en disant : « Je me partage entre 50 % de rhinopharyngites et 50 % de solitude. » Cette jeune fille originaire d'Amérique du Sud, qui a fait ses études supérieures en France, entame tout juste sa vie professionnelle. Toute sa famille vit au Brésil, mais elle a réussi à se créer un très bon réseau d'amis à Paris. C'est une personne courageuse, intelligente, tenace et ambitieuse, mais elle se heurte à son statut d'étrangère qui constitue souvent un handicap pour être recrutée aux postes auxquels elle se présente. Lorsqu'elle prend conscience de cette difficulté et de l'injustice qu'elle représente, l'envie de se révolter la saisit, et elle « somatise », c'est systématique. Sa gorge la gratte, son nez coule : bref, elle déclare une rhinopharyngite dont la composante psychologique est évidente…**

Outre la somatisation, moyen indirect de dire par son corps ce qu'on ne dit pas par les mots, on peut citer l'hypocondrie, qui s'exprime par des plaintes et des craintes incessantes sur son propre état physique, mais qui est surtout l'occasion pour la personne de demander de l'aide, sans jamais avoir le sentiment de l'obtenir. On sait en psychologie que le rejet des conseils, des suggestions ou de tout ce que les autres et, en particulier, les médecins peuvent proposer peut être une manière d'exprimer une colère, un ressentiment ou, plus profondément, une tristesse insupportable. Aux mots se substituent les maux.

Le refuge dans la rêverie

L'imaginaire constitue l'essentiel de la psyché. Il nous permet de fantasmer, de créer, mais aussi de nous défendre devant les contraintes de la réalité quotidienne.

Augustin a du mal à investir le travail. Ce garçon, qui a réussi à décrocher son baccalauréat en auditeur libre à 20 ans, souhaite pourtant mener des études supérieures d'arts plastiques, mais il a bien du mal. Comme souvent, au bout de quelques mois, il présente des difficultés pour suivre les cours, lire les livres qui lui sont conseillés ou préparer ses examens partiels. Augustin se définit lui-même comme un rêveur. Au fur et à mesure que nous discutons ensemble, il perçoit peu à peu qu'il se réfugie dans l'imaginaire, le rêve, ou encore la musique. Il a appris seul à jouer de la guitare et aime poursuivre tranquillement, à son rythme, son apprentissage.

Augustin est le troisième enfant d'une famille d'intellectuels. Les deux aînés ont très bien réussi leurs études. Il a le sentiment que sa mère l'a beaucoup protégé en raison de ses problèmes de santé lorsqu'il était petit. Peut-être aussi parce qu'il était le « petit dernier »... De surcroît, désiré par sa mère, mais pas par son père. Il me raconte qu'il s'est senti rapidement complexé vis-à-vis de ses frères qui, précise-t-il, n'étaient pas tendres

avec lui. Ils n'hésitaient pas à lui faire remarquer qu'ils avaient peut-être les mêmes professeurs, mais pas les mêmes notes et les mêmes appréciations. À une époque, ils l'avaient même baptisé « l'idiot » parce qu'il avait redoublé une classe. Heureusement ses parents étaient intervenus et, pour une fois, avaient sévèrement réprimandé les deux aînés. Pour se protéger de toute comparaison avec ses frères et éviter leur agressivité à son égard, il avait pris l'habitude de rester seul et de jouer à des jeux solitaires – le Lego, par exemple, qu'il adorait. Il aimait bien construire des maisons et même des villes entières, qu'il remplissait de personnages imaginaires, sympathiques et aimants. Cela le distrayait, tout en atténuant son manque de confiance en lui. Aujourd'hui, à plus de 20 ans passés, lorsqu'il a un souci ou une contrariété, il continue à faire comme avant, parce qu'il sait combien cela l'apaise de pouvoir se laisser aller à la rêverie.

L'exemple d'Augustin montre que pour se défendre on peut chercher un refuge précaire mais bienfaisant dans la rêverie ou le repli sur soi. En se réfugiant dans la rêverie, on se défend contre les risques que représente, à ses yeux du moins, l'extérieur. La rêverie détend, apaise ; elle repose des contraintes extérieures et permet de voir le monde meilleur qu'il n'est. Mais ce refuge évident que l'état de détresse prolonge ou précède peut déboucher, dans certains cas, sur une « angoisse disséquante[14] », une angoisse qui vous isole.

La dépréciation et l'idéalisation excessive

Madame de Staël écrivait : « Je suis heureuse de ne pas être un homme, car si cela était, je serais obligée d'épouser une femme », mot d'esprit ou dépréciation de soi ? Une manière de gérer ses facteurs de stress ou ses conflits affectifs est d'attribuer à autrui ou à soi-même des défauts exagérés.

Se déprécier soi-même anticipe le risque d'être déprécié par les autres ou de découvrir que réellement on n'est pas à la hauteur de ce qu'on devrait être. On anticipe une mauvaise surprise et ainsi on se protège efficacement. On rencontre l'illustration la plus manifeste de ce mécanisme chez l'étudiant ou le professionnel qui, face à un examen ou une tâche, dira volontiers qu'il n'a pas réussi alors qu'il sait très bien, plus ou moins consciemment, que ce n'est pas le cas ou pas autant qu'il le dit. Inversement, d'autres étudiants, d'autres adultes, confrontés à la même épreuve, se montreront très satisfaits de ce qu'ils ont fait, sachant pourtant qu'ils ont échoué. Ce faisant, ils se protègent ainsi de la culpabilité de ne pas avoir assez travaillé, d'un sentiment d'échec ou d'insuffisance qu'ils cachent aux yeux des autres et se cachent à eux-mêmes. Lorsque notre propre amour-propre se sent attaqué, un moyen inverse de se défendre consiste à idéaliser l'autre ou à s'idéaliser soi-même afin d'atténuer son sentiment d'insuffisance. Winston Churchill, dont on connaît le bégaiement et le caractère cyclothymique, aurait ainsi dit à l'une de ses amies : « Nous sommes tous des vers… Mais moi je suis un ver luisant. »

Cette idéalisation excessive se rencontre également dans les relations affectives.

Idéaliser l'autre permet, en effet, de se défendre des sentiments négatifs qu'on peut parfois ressentir à son égard. À l'inverse, lorsque l'on on est déçu par quelqu'un, le déprécier permettra de se protéger de l'erreur de jugement que l'on a commise ou de la déception, plus ou moins imprévue, que l'on éprouve.

Chloé a trop idéalisé son premier petit ami. Elle sait beaucoup mieux faire la part des choses avec le second. Elle peut reconnaître ses qualités mais ne pas se voiler la face sur ses défauts. Elle prend conscience que cette idéalisation dans sa première relation lui permettait de surmonter les difficultés qu'elle rencontrait alors avec ses parents et en particulier avec son père.

Nous franchissons un pas lorsque nous passons de l'admiration à l'idéalisation excessive. Cette dernière nous préserve de craintes sous-jacentes. L'important est d'en prendre conscience.

Au total, les différents mécanismes de défense présentés dans ce chapitre ont pour finalité de réduire, voire de supprimer, l'ensemble des modifications susceptibles de mettre en danger l'intégrité, la constance et la tranquillité de l'individu que nous sommes. S'ils nécessitent un effort de notre part, ils nous aident à faire face aux difficultés émotionnelles, relationnelles ou sociales que nous pouvons rencontrer sur notre chemin : la vie passe par une adaptation permanente à notre environnement. Ils demandent à notre esprit une certaine gymnastique correctrice, mais ils nous protègent efficacement, dans certaines limites du moins. Ils modifient la représentation consciente que nous avons de nos sentiments et de nos réactions sans pour autant les annihiler totalement. Le refoulement en est l'exemple le plus frappant, mais toutes les forces défensives de ce groupe possèdent un effet similaire. Tout le monde n'utilise pas les mêmes de façon privilégiée, montrant par là que ces piliers font bel et bien partie de la personnalité de chacun. Chez une même personne, leur utilisation peut aussi varier dans le temps et selon les circonstances. Ces piliers protecteurs sont utiles au quotidien ; contrairement aux mécanismes dont nous allons parler maintenant, ils ne constituent pas nos ultimes remparts face aux situations plus dramatiques que nous subissons parfois.

Chapitre 4

NOS DERNIERS RECOURS

Pourquoi parler de « derniers recours » ? Parce que les ressources protectrices de ce troisième et dernier groupe sont celles qu'on utilise soit ponctuellement, soit de façon excessive quand on ne parvient plus à faire face avec les moyens décrits précédemment.

Séverine vient d'apprendre que son mari a donné sa démission dans l'emploi de gestionnaire qu'il occupait jusque-là. Ils en avaient parlé ensemble et n'étaient pas d'accord sur cette décision. Elle avait affirmé clairement sa position à ce niveau, elle avait réfléchi et pense avoir trouvé les bons arguments pour qu'ils ne mettent pas leur vie matérielle en difficulté, elle avait essayé de l'aider en le rassurant, elle détenait des exemples où d'autres amis s'étaient trop vite précipités dans une décision du même type. Rien n'y avait fait. Séverine reconnaît qu'elle aime bien contrôler ce qui se passe non seulement dans sa vie personnelle mais aussi dans la vie de ses proches, son mari et ses enfants. Elle reconnaît qu'elle peut être autoritaire mais essaie toujours de le faire dans l'intérêt de l'autre. Pour la première fois, dit-elle, elle a le sentiment que son mari ne l'a pas écoutée et a décidé seul. Elle me dit qu'elle sent bien qu'elle n'a rien voulu entendre de la réalité professionnelle de son mari et qu'elle n'a pas voulu savoir et réfléchir aux changements y compris positifs que cette démission pouvait entraîner pour sa vie personnelle et pour la vie familiale. Elle s'est sentie trop en danger et a fait comme si son mari n'avait pas été obligé de prendre cette décision. Incontestablement elle a nié ce qui la dérangeait fortement et ce qui la mettait dans un état de véritable insécurité. Mais ce déni lui a permis de passer le cap de ce sentiment angoissant d'impuissance dans laquelle la mettait son mari.

Séverine n'avait pu trouver d'autres moyens de faire face à l'angoisse que suscitaient en elle les difficultés de son mari qu'en déniant la réalité.

Françoise est elle aussi confrontée à un problème professionnel, mais celui-ci la concerne directement. Elle a décidé de quitter l'entreprise de produits de luxe dans laquelle elle est depuis plusieurs années, ayant le sentiment de ne plus avoir de perspectives d'avancement. Parallèlement, pour la première fois elle a rencontré un homme avec lequel elle aimerait faire sa vie. Elle en a parlé à une de ses collègues de travail qui, bien que Françoise lui ait dit qu'il s'agissait de sa vie privée, en a parlé à d'autres personnes. Cet homme, le nouvel ami de Françoise, doit dans quelques mois partir dans le sud de la France. Françoise est en colère et très déçue, elle s'interroge pour savoir ce qu'il en sera ce moment-là de leurs relations et si elle le suivra dans le cas favorable où ils se seront engagés l'un vis-à-vis de l'autre. Mais lorsque son patron la reçoit pour discuter de sa décision de quitter l'entreprise, il lui demande : « Est-ce en raison de votre vie privée ? » Elle se sent très agacée par cette question, « mise au pied du mur », se sentant incapable de répondre tant elle se sent attaquée. Avec un peu de recul, elle considère pour une part avec raison que cela ne regarde pas son patron, mais ne décolère pas. Ce dernier lui a néanmoins

dit que l'entreprise avait d'autres filiales et qu'elle pourrait trouver du travail si elle quittait Paris dans une de ses filiales de province. Elle a alors vraiment le sentiment qu'il lui a dit cela uniquement de façon intéressée afin de profiter de son expérience et de ses compétences. La colère suscitée par la décision de son « ami » et les questions difficiles que cela soulève en elle est ainsi projetée sur ce patron qui la « maltraite ». Lorsque je la reçois, elle est passée à l'acte et a impulsivement envoyé sa démission la semaine précédente. Mais ce mouvement lui a permis immédiatement d'envoyer des demandes d'emploi, ce qu'elle avait du mal à faire, dit-elle, tout en ayant en tête de changer d'entreprise.

Les ressources défensives de « dernier recours » que je vais présenter maintenant représentent un type de soutien que nous devons chercher à l'intérieur de nous-mêmes pour nous protéger de façon extrême, quand, à l'instar du petit enfant que nous avons été, nous nous retrouvons en situation de dépendance forte (le mari de Séverine, le patron de Françoise) ou de grandes faiblesses. Ce sont d'ailleurs, à l'échelle d'une vie humaine, les premières défenses que nous apprenons à développer. En soi, ces moyens de faire face qui aident le bébé, puis le tout-petit à grandir, ne sont pas mauvais, même à l'âge adulte. Toutefois, dangereux pour l'équilibre psychique d'une personne ils doivent rester d'un maniement exceptionnel, car utilisés de façon systématique et exclusive, quel que soit le contexte, ils peuvent devenir franchement délétères. Leur usage abusif doit toujours être vu comme la preuve incontestable d'une trop forte angoisse, d'une trop vive souffrance qu'on ne sait malheureusement pas gérer autrement. Nocifs à forte dose, ces moyens de se protéger sont en effet les seuls qui s'activent de façon répétée chez certaines personnes, les seules béquilles qui restent pour ne pas s'effondrer totalement.

Pour autant, dans ces derniers cas, s'ils semblent apporter un réconfort à court terme, il faut savoir que, sur la durée, ils ne font que renforcer encore l'angoisse insupportable, leur maintien constant se faisant au prix d'un très grand effort. Le déni qui amène le sujet à ne pas pouvoir reconnaître la réalité en est une remarquable illustration. Contrairement à son objectif premier, une telle façon de se protéger, quand elle devient caractéristique du style d'un individu, altère tous les domaines de l'existence, provoquant des dégâts parfois irréversibles aussi bien sur le plan personnel et privé que dans la vie sociale.

À ce stade, on peut dire alors que la route du Soi s'est changée en un long tunnel sans issue, tant il est vrai que ces modalités défensives, d'ailleurs caractéristiques de certains troubles psychologiques lourds comme la névrose d'échec ou la paranoïa privent de toute liberté de penser souplement leur utilisateur. On pourrait du reste, à ce niveau, définir la santé mentale comme la liberté et la capacité d'utiliser une gamme élargie de ressources défensives de façon adaptée aux situations rencontrées. Par exemple, la jeune fille anorexique qui dénie systématiquement sa maigreur au point même de dénier son déni coupe court à toute communication avec son entourage alors qu'elle peut, lorsqu'elle va mieux, mobiliser d'autres façons de se protéger comme la sublimation ou l'intellectualisation ou le fait de prendre du recul par rapport à son problème.

Parmi ces ressources de « dernier recours », figurent prioritairement l'agression passive et le retournement contre soi-même, le passage à l'acte, la régression, le clivage, la projection et enfin ce fameux déni.

L'agression passive : « Je ne fais rien mais quelle colère ! »

L'expression passive de la colère par des oublis, des refus immotivés, des silences pesants, des attitudes de procrastination systématiques et injustifiées peut devenir le seul moyen d'exprimer indirectement et sur le mode défensif son agressivité. Ce type de résistance passive a son utilité face aux exigences excessives de l'autre. On sait que si on l'exprime trop ouvertement, elle sera la source de conflits encore plus aigus que si on le fait indirectement comprendre par des oublis, ou une attitude qui montre bien que tout en ne réagissant pas, on est furieux de ce qui vous est demandé. On peut par exemple, alors qu'on en a le temps, rendre un dossier à la dernière minute sachant qu'il est très attendu, tout en pensant sans le dire qu'il aurait dû être réalisé par quelqu'un d'autre.

Pratiqué systématiquement, ce moyen peut devenir exaspérant, la personne préférant se plaindre chaque fois de la défaillance des autres qui ne savent pas lui apporter l'aide nécessaire. Le ressentiment plus ou moins conscient exprimé par la résistance passive n'exclut pas en effet un certain plaisir du malaise que ce comportement provoque chez les autres.

À l'extrême, la colère du passif agressif ne sera plus simplement exprimée de façon indirecte à l'encontre de l'autre, mais retournée contre soi, Le but ultime, pourtant, reste le même : atteindre autrui en se posant douloureusement en victime ou en endossant plus que nécessaire le rôle de martyr.

Karine n'est pas très bien dans sa peau. Elle sait qu'elle est trop sensible, parfois trop passive et qu'elle agace les gens. Elle ne peut pas non plus s'empêcher de se plaindre quand elle rencontre une contrariété. Elle connaît son caractère pessimiste ; elle sait qu'elle a un talent particulier pour voir les verres à demi vides plutôt qu'à demi pleins. Elle sent bien au fond d'elle qu'elle joue à la martyre, et cela pour rien ; elle attend, bras croisés, au bureau comme à la maison, que ses besoins soient mieux compris. Ses retards, sa difficulté à rendre service, sa tendance à se mettre en échec lui sont reprochés par son entourage non seulement dans sa vie personnelle mais aussi dans sa vie professionnelle. Fondamentalement cette jeune femme n'est pas heureuse dans sa vie, mais sa façon de l'exprimer est typique : au lieu de réagir, de chercher des solutions, elle se contente de ressasser son insatisfaction et ses colères, ayant le sentiment qu'elle n'a jamais eu de chance.

On rencontre souvent chez les personnes pessimistes ou ayant une tendance dépressive l'utilisation préférentielle de ce mécanisme de défense. On a parlé chez certains sujets d'un certain type de névrose : la névrose d'échec. Incontestablement, chez les sujets à propos desquels on évoque ce diagnostic, on retrouve de façon prédominante cette modalité défensive.

Le passage à l'acte impulsif : « Je ne sais pas attendre »

Qui n'a pas un jour réagi impulsivement à un reproche injustifié ou inutilement répété ? Claquant la porte, vous vengeant même sur un objet qui ne vous a rien fait, à bout d'arguments vous vous êtes physiquement soulagés d'une tension qui ne trouvait plus d'autres moyens de se décharger.

L'empêchement de parole a eu pour principale conséquence le surgissement brutal et explosif d'un trop-plein. Un comportement inattendu et violent exprime souvent une rétention excessive de sentiments ou de pensées. Rien à voir ici avec la force intérieure qui fait choisir l'action ni même avec la pratique d'un activisme destinée à lutter contre l'angoisse, comme on peut l'observer chez certains sportifs ou dans un goût excessif du travail.

Il s'agit plutôt ici d'une décharge incontrôlée avec son caractère irréfléchi, qui permet d'exprimer le souhait d'un respect ou d'une reconnaissance que l'on vous doit. Cette décharge est passagère et le signe d'une exaspération qui ne peut dans la situation rencontrée s'exprimer autrement.

À un degré de plus, la tendance répétée au passage à l'acte, souvent source de violence contre soi ou les autres, avec toutes les conséquences personnelles ou sociales que cela entraîne, caractérise les personnalités psychopathiques ou sociopathes qui ne supportent ni la frustration, ni l'attente, ni la déception. Leur particularité est de fonctionner sans la notion du bien et du mal, donc sans réflexion et anticipation et à l'extrême sans culpabilité. Ici, les passages à l'acte peuvent prendre des formes très variées dépendantes des situations et du contexte. Nous en avons un exemple contemporain dans les formes modernes de délinquance et de toxicomanies.

La régression ou le retour à des comportements enfantins

Face à des difficultés personnelles la régression consiste à retrouver par un retour en arrière et un repli sur soi des expériences vitales que l'on croit avoir connues ou qu'on a pu connaître par le passé, en particulier au cours de son enfance. Ce « retour en arrière » s'oppose au fait de progresser et surtout il protège le sujet de ce qui peut lui apparaître menaçant dans une marche en avant trop rapide ou forcée. Il ne s'agit pas là non plus de faire de tout mouvement régressif une manœuvre défensive contre l'angoisse. On ne quitte jamais totalement son enfance et son adolescence, comme le montrent des attitudes ponctuelles de ce type, dans des fêtes, dans des jeux entre amis, dans des moments de détente totale ou plus encore dans les rêves.

La régression, concept complexe, doit ici être comprise comme étant inhérente au développement humain, qui n'est jamais rectiligne, ou comme une défense. Le retour à un fonctionnement préexistant sous-tend ainsi le passage et le mouvement incertain d'un réseau affectif et de représentations à un autre momentanément plus satisfaisant, car déjà rencontré dans le passé et pour cela apaisant.

La régression, comme modalité défensive, est utile et partagée par tous dans le besoin manifesté, face à une fatigue trop importante ou à une tension trop grande, de partir « se reposer » un moment. On sait alors que cette demande correspond à un besoin de se protéger des contraintes que l'on rencontre, de s'en éloigner et de vivre momentanément dans un état où on se sent déchargé des responsabilités et des soucis de la vie quotidienne.

Louis, d'origine suédoise, est âgé de 37 ans. Ingénieur en informatique, il traverse une période difficile dans son existence en raison de problèmes professionnels. Intelligent, il peut prétendre à une vie professionnelle intéressante et réussie mais a déjà rencontré des difficultés, pour une part analogues, avec ses précédents patrons. Louis semble en effet spontanément se mettre dans la même situation : il établit avec son nouveau patron, comme il l'a fait avec les précédents, une relation à la fois professionnelle et affective. Du même coup il se consacre à son travail très sérieusement mais rend des services au-delà de ce qui lui est demandé. Il s'occupera par exemple d'aller déposer du courrier urgent ou chercher un repas léger pour une réunion imprévue alors que cela ne relève pas de sa fonction. Tombant probablement sur des patrons qui initialement l'apprécient beaucoup mais ensuite ont tendance à l'exploiter, il est chaque fois déçu. Depuis quelques mois il est au chômage. Un sentiment profond de manque de confiance en lui l'envahit à nouveau. Heureusement, la naissance d'un petit garçon, Julien, le comble de bonheur. Il s'occupe de ce petit garçon comme une maman, joue beaucoup avec lui et en a bien conscience. Cela agace sa femme qui lui dit qu'elle a maintenant deux enfants à la maison. Lors de vacances de printemps, comme chaque année depuis vingt ans, il part avec un groupe d'amis faire un long circuit en vélo dans les Alpes. Il revient de ses vacances insatisfait. Il a réfléchi sur son comportement. Alors qu'il se sentait jusque-là particulièrement altruiste, il a perçu qu'il s'était là plutôt comporté comme un enfant. Il a été dépendant de ses amis, ne prenant aucune initiative, se faisant porter dans les différentes activités. Un seul désir l'habitait : retrouver son petit bébé pour s'en occuper. Au moins avec lui, dit-il, il se sent aimé et a même le sentiment que c'est parfois son fils qui lui apporte du bonheur et ainsi le protège des difficultés de la vie et des relations avec les adultes. Ce moment de régression ne durera que quelques semaines à la suite de cette prise de conscience. Cela lui a permis, dira-t-il quelques mois plus tard, de dépasser le cap de cette période difficile, de retrouver une certaine paix en lui et des forces pour à nouveau se battre.

Le mouvement de repli qu'entraîne la régression peut aussi être la source de manifestations symptomatiques, physiques ou psychologiques qui amènent le sujet à ce qu'on s'occupe de lui comme quand il était enfant, lorsque ses parents prenaient soin de lui. On voit par exemple combien certaines personnes se sentent étonnamment bien à l'hôpital qui n'est pourtant pas un lieu de vie idéal et qu'elles ont du mal à quitter. N'oublions pas que la régression peut permettre « cette retrouvaille de confiance et d'espoir constituant l'essentiel pour un nouveau départ vers les mouvements progressifs[1] ».

Le clivage : tout bon ou tout mauvais

L'individu se défend en voyant les autres et lui-même selon deux catégories : tout bon ou tout mauvais. Le monde est perçu tout en noir ou tout en blanc. Certes certaines situations conduisent à accepter difficilement que les autres ou vous-mêmes puissiez avoir à la fois des qualités et des défauts.

A minima, chacun peut utiliser ce pilier protecteur face à l'angoisse pour se dégager d'un sentiment d'impuissance ou d'une attaque cruelle de la part de l'autre.

L'adolescence constitue une période qui tend à privilégier cette ressource défensive face à l'envahissement pulsionnel et à la difficulté à cette période de l'existence de fonctionner dans le compromis. Au cours d'un entretien avec un adolescent on peut en effet l'entendre dire que ce que l'on pense de lui n'a aucune importance qu'il sait qu'il est le meilleur et que les autres ont tort, pour plus tard reconnaître que son attitude ressemble à celle d'un tyran et qu'il se sent coupable de faire du mal, pense-t-il, à ses parents.

> **Jérémie vient me consulter, car il se sent incapable de concilier en un ensemble cohérent sa personnalité. Il peut passer alternativement d'une image idéalisée de lui-même à une image fortement dévalorisée. Il en est de même concernant ses relations amicales, avec beaucoup de difficultés pour les garder suffisamment longtemps. Le monde est perçu par Jérémie en tout ou rien, en tout de suite ou jamais, en tout noir ou en tout blanc. Ce mécanisme de défense trop fréquemment utilisé, crée chez lui une relation à soi-même et à l'autre inadaptée. Il a vécu une enfance douloureuse faite d'abandons parentaux et de retrouvailles puis de séparations multiples avec les milieux qui l'ont momentanément accueilli. Sa vie a connu beaucoup de hauts et de bas. Ceci explique sans doute sa tendance à fonctionner de façon binaire.**

Ce mécanisme de défense crée le plus souvent une relation à soi-même et à l'autre inadaptée. Il est la source d'une instabilité dans tous les champs de l'existence : affectif, professionnel, social. La réalité en devient altérée et renforce l'angoisse sous-jacente source à nouveau de ce processus défensif, irrationnel et imprévisible. Le plus souvent ce moyen est utilisé face à des angoisses profondes de solitude, de vide, de manque d'amour et de peur d'être détruit.

Quelqu'un présentant ce type d'attitudes se défend très souvent en tout bon ou tout mauvais et ne parvient pas à avoir des images réalistes de soi-même et des autres. Souvent alors le clivage de l'image de soi et de l'image d'autrui se fait en parallèle. Il ne lui reste plus que ce moyen pour exister face aux profonds sentiments d'abandon ou de vide qui généralement l'envahissent.

Un type de personnalité, la personnalité *borderline*, utilise de façon préférentielle cette modalité défensive.

La projection : « Ce n'est pas moi, c'est l'autre »

La projection est un processus dans lequel des idées, des jugements ou des sentiments qui sont les siens sont attribués au monde extérieur. Certains spécialistes préfèrent d'ailleurs utiliser le terme d'externalisation pour qualifier ce mouvement, réservant la projection proprement dite aux mécanismes par lesquels une personne méconnaît ou refuse ce qui lui déplaît en lui ou ce qui le culpabilise.

On considère que, sous sa forme élémentaire, ce dispositif psychologique s'appuie sur la réponse physiologique qui est présente précocement chez le très petit enfant. Chacun sait qu'un bébé rejette spontanément l'aliment ou l'objet qu'il perçoit dans sa bouche comme désagréable – « mauvais » : il le rejette à l'extérieur comme plus tard nous le ferons psychiquement. Ainsi, les précurseurs physiologiques de cette manœuvre psychique de projection se mettent en place précocement au cours du développement humain. Néanmoins, la véritable utilisation de la projection ne peut se construire que plus tard, au cours de l'enfance. Elle requiert en effet des capacités cognitives plus élaborées :

- La différenciation entre ce qui est plaisant et déplaisant.
- La différenciation entre soi et l'autre.
- La différenciation entre l'intérieur et l'extérieur.

- La différenciation entre ce qui est acceptable et inacceptable, comme cela est déterminé par les critères éducatifs.
- Une différenciation entre les représentations conscientes et inconscientes.

De tout temps, sur un plan individuel ou collectif, l'homme a projeté sur le monde extérieur des explications sur ce qui se passait, et des croyances sur l'origine des événements, élaborant ainsi des mythologies personnelles ou culturelles. Le peuple Tellem, ancêtre des Dogons, sculptait de magnifiques statues les bras levés pour implorer les dieux qu'il pleuve. Mais plus qu'un appel à l'aide de ses dieux, le geste de lever les bras au ciel pour implorer la pluie, au dieu créateur de la Terre, était un geste expiatoire[2]. De quelle culpabilité s'agissait-il ? N'était-ce pas la peur de se sentir coupable de ne pas pouvoir nourrir sa famille, amenant le peuple Tellem à en attribuer la responsabilité aux dieux ?

Les superstitions d'hier et d'aujourd'hui ne sont-elles pas des productions imaginaires collectives ou individuelles inconsciemment transposées dans des réalités externes ? De nos jours, on sait combien les contes que l'on raconte aux enfants pour qu'ils puissent s'endormir ou les mythes que la littérature, le théâtre et le cinéma reprennent régulièrement en transformant la forme des personnages, mais pas le fond de leur caractère, s'appuient sur les capacités productives de l'être humain d'entendre ou de voir « à l'extérieur » sa réalité psychique intime : l'agressivité du loup, la peur d'être dévoré, etc. Aujourd'hui, la projection est même un mécanisme psychique utilisé lorsqu'il est question de l'investigation de la personnalité de l'enfant et de l'adulte. Le dessin de l'enfant traduit volontiers sur le papier ce qu'il pense et ressent intérieurement. Grâce aux couleurs qu'il utilise, à la taille des personnages, à leurs positions sur la feuille, il est souvent frappant et amusant de voir l'importance respective qu'il donne à son père et à sa mère. Le dessin du bonhomme est même devenu un test psychologique pour comprendre comment l'enfant se représente lui-même. Chez les adultes, grâce à ce qu'on appelle les « tests projectifs », l'interprétation des taches d'encre dans le Rorschach ou d'images comme dans d'autres tests s'appuie sur ce mécanisme projectif.

Il faut donc distinguer les situations projectives dans lesquelles notre imagination nous permet de nous imprégner à partir de notre propre vécu de ce qu'on entend, de ce qu'on voit ou de ce qu'on lit (par exemple, en regardant un film), d'un processus qui permet de se défendre en attribuant à autrui, au monde extérieur, des pensées et des sentiments agressifs ou négatifs que l'on refuse de reconnaître en nous. C'est dans ce dernier cas uniquement qu'il y a altération de la réalité et qu'il faut parler de mécanismes de défense. Alors que l'on n'a aucune raison de le penser, « Je te hais » devient « Il me hait ».

Toutefois, cette modalité défensive utilisée *a minima*, peut être utile et apporter un soulagement bienvenu.

Lorsque professionnellement, je sens que mon travail n'a pas été satisfaisant, je peux en attribuer les raisons à différents facteurs extérieurs alors que j'en suis en fait le seul responsable. Il y a quelque temps je suis allé faire une conférence et me suis rendu compte au dernier moment que la personne qui devait s'occuper de mes billets de train ne me les avait pas donnés. Pendant quelques instants, auprès d'un de mes collègues je l'ai accusée d'être tête en l'air et j'ai mis en cause ses compétences. Rapidement je me suis rendu compte que j'aurais dû moi-même lui téléphoner quelques jours auparavant, pour lui rappeler la date de la conférence. De nombreux exemples de la vie quotidienne nous montrent que nous utilisons ce moyen protecteur que représente la projection pour nous protéger d'un sentiment de culpabilité, d'échec ou d'erreur.

Certaines situations sont moins quotidiennes et montrent que ce mécanisme se manifeste à notre insu alors que celui ou celle qui en est le réceptacle se rend bien compte du phénomène.

> Amélie est une jeune femme de 35 ans qui a une relation amoureuse avec un homme marié. Elle sait que ce dernier ne divorcera pas et qu'elle doit penser à son avenir. Mais pour le moment elle est satisfaite de sa vie sentimentale et sexuelle tout en reconnaissant que cette relation ne débouchera pas sur un engagement profond et définitif. Elle en veut à cet homme mais ne peut ouvertement l'exprimer ni même le ressentir elle-même facilement. Sa meilleure amie, Sylvie, qu'elle connaît depuis cinq ans, souhaite rapidement se marier. Elle vient du reste de lui annoncer que le garçon qu'elle fréquente depuis six mois lui a proposé de se fiancer. Amélie est en colère contre son amie. Cette colère n'est pas suscitée par le choix différent que fait Sylvie mais par le fait que cette dernière pour la première fois lui a reproché sa liaison. En réfléchissant à ce reproche, elle se rend compte que Sylvie lui a récemment confié que son petit ami n'était pas son idéal. Elle prend conscience que les reproches de Sylvie à son égard sont en fait une projection de ses propres doutes. Cela apaise sa colère. Elles ont eu l'une vis-à-vis de l'autre un mouvement projectif que, momentanément, Amélie n'avait pas reconnu. Sa colère et son interprétation des propos de son amie l'ont soulagée de sa propre ambivalence quant à sa relation personnelle avec cet homme. Quant à Sylvie, il semble qu'elle n'ait pas pris conscience de son mouvement projectif sur son amie Amélie.

La projection soulage et se manifeste *a minima* ou ponctuellement dans différentes circonstances de la vie. En revanche, attribuer régulièrement ou systématiquement à l'autre ce que l'on refuse inconsciemment de prendre en charge comme sa propre pensée ou son propre sentiment, et ce pour assurer sa protection personnelle, fait basculer d'un mouvement protecteur commun à tous à une attitude défensive qui devient alors la seule issue tolérable pour la personne en souffrance, une ultime mesure de réparation narcissique qui permet, face à un monde sur lequel on a le sentiment d'avoir perdu toute maîtrise, de s'assurer une certaine emprise, même si elle est fictive.

Dans la projection, il existe donc l'utilisation du mécanisme précédent : le clivage. En effet le sentiment ou la représentation est clivé, avec son côté positif attribué à l'intérieur, c'est-à-dire à soi, et le côté négatif attribué à l'extérieur, c'est-à-dire à l'autre. Le risque majeur lié à l'utilisation de cette modalité défensive tient à ce qu'elle oblige à se préoccuper continuellement des autres, de l'extérieur, et ainsi perdre la capacité de réflexion et de recul sur soi. Les gens deviennent alors pour la personne trop envahissants. Le sentiment dominant n'est plus alors la prudence mais la méfiance. Un degré de plus, et tout sera interprété dans un esprit de suspicion qui renforcera l'angoisse première : la personne bascule dans la paranoïa.

Le déni de la réalité

Le déni, pourrait-on dire, est la capacité de regarder et de ne pas voir afin de se protéger de ce à quoi on pourrait être confronté. On comprend que cette manière de se défendre est le résultat d'un retrait psychologique d'attention pour le monde extérieur. Le prototype de ce mode de défense s'observe très précocement chez l'être humain : on peut l'observer chez le bébé qui bien que plus « attentif » qu'on ne le pensait par le passé présente toutefois des moments de retrait et d'inattention qui ne nous paraissent pas anormaux à cet âge. Le déni est considéré comme le mécanisme de défense le plus primitif car c'est celui qui domine durant les premiers mois de vie. Regarder mais ne pas voir est une défense que le bébé utilise avant de percevoir que l'activité motrice volontaire existe.

Cependant, à mesure que le développement se poursuit, ce mécanisme se complexifie et, comme pour la projection, on considère que chez l'être humain se rencontrent plusieurs niveaux de déni. À une extrémité, le déni peut être une simple dénégation par laquelle l'individu se défend de la représentation pénible en refusant d'admettre qu'il s'agit d'un problème, d'une pulsion ou d'un sentiment qui le touche personnellement. À l'autre extrémité, se situe le déni proprement dit par lequel le sujet nie la réalité de la perception liée à la représentation pénible. Le déni peut alors porter sur des plans plus ou moins importants de la réalité psychique ou externe. Il peut même être la source d'un délire qui crée une néoréalité compensatrice, quand la personne vit la réalité telle qu'elle est comme trop catastrophique.

Le déni est parfois confondu avec le refoulement, d'une part, et la projection, d'autre part. Il convient donc de bien les distinguer.

Par le déni, le sujet non seulement met à l'écart mais se retire mentalement des situations qui le dérangent, amenant à ce que la réalité soit ignorée. Dans le refoulement, le sujet enfouit au plus profond de lui-même les événements, leurs souvenirs au point de totalement en perdre conscience. Dans le déni, la réalité est suffisamment désagréable pour que la personne n'ait qu'une seule envie : l'ignorer. L'image que l'on pourrait donner est celle d'un tableau noir sur lequel l'inscription a été totalement effacée. Cet effacement devient le seul recours pour continuer à vivre sans trop de douleur mais il comporte un risque majeur : ne plus du tout percevoir la réalité telle qu'elle est. Dans le refoulement, on enfouit au plus profond de soi les événements et leurs souvenirs au point d'en perdre totalement conscience parce qu'il faut écarter et maintenir à distance de la conscience ce qui serait pour une partie de soi agréable mais pour une autre partie désagréable. Une femme refoulera par exemple un désir à l'égard du frère de son mari qu'elle a subrepticement ressenti, en faisant tout pour très vite l'oublier. Le souvenir de cet « émoi » interdit reste néanmoins inscrit quelque part dans la mémoire ; il n'est pas effacé mais « oublié ». L'enjeu ici n'est plus de perdre le sens des réalités mais de laisser au fond de soi une trace qui pourra réapparaître à un moment ou à un autre.

À la différence du déni et du refoulement, dans la projection ce ne sont que les représentations mentales négatives qui sont désavouées et surtout rejetées à l'extérieur. Le risque est plus lié aux relations aux autres à qui on attribue injustement les erreurs ou les mauvaises intentions qu'à la relation avec soi-même. Les autres peuvent en retour se défendre et l'agressivité revient alors en boomerang.

Le déni peut être aussi à l'origine d'une vie fantasmatique très riche, preuve que cette manière de se défendre, si elle a un versant négatif et dangereux, comporte aussi des aspects positifs. L'histoire de Cendrillon qui rencontre le prince charmant alors qu'elle vit dans un milieu cruel qui la rabaisse et l'exploite apprend aux enfants dont elle nourrit l'imaginaire qu'il est possible, et parfois nécessaire, de nier la réalité pour pouvoir supporter le malheur. Ce conte de fées plaît toujours, quel que soit l'âge d'ailleurs. Qu'est le film *Pretty Woman* dont on connaît le succès international, sinon un *remake* contemporain du conte de fées de Charles Perrault destiné aux adultes ?

> Isabelle est une jeune fille sympathique, intelligente, mais qui s'angoisse facilement. En consultation, ses griefs portent essentiellement sur le fait que ses parents ne laissent pas suffisamment de liberté, qu'ils contrôlent ses horaires et surveillent ses sorties. Dans un premier temps, je me dis qu'Isabelle est comme beaucoup d'adolescentes, qu'elle est à cette période de la vie où l'on préfère ses amis à sa famille. Je ne sais pas encore combien son désir de s'éloigner de ses parents est l'expression d'un mouvement de retrait beaucoup plus profond. Elle est la seconde fille du second mariage de sa mère avec un homme beaucoup plus jeune. Je sais, par le père que j'ai rencontré, que la mère a fait plusieurs dépressions et qu'elle a une consommation abusive de médicaments et d'alcool. Bizarrement, Isabelle n'évoque jamais ce problème, comme si elle en ignorait même l'existence – c'est d'ailleurs ce que je crois pendant un certain temps. Lorsque sa mère est à nouveau hospitalisée en clinique, c'est, m'expliquera-t-elle avec assurance, pour se reposer et faire un régime... Ce n'est qu'après un an de psychothérapie que cette jeune fille pourra aborder directement et sans rien dissimuler les vrais problèmes de sa mère. Il nous

aura fallu du temps pour sortir de ce déni et passer par différentes étapes. Je me souviens en particulier du stade où je lui faisais comprendre que je savais ce qui se passait, que je savais que sa mère avait du mal à en parler et qu'elle-même, Isabelle, avait du mal à aborder le sujet et préférerait par son déni se mettre en retrait. Dans ces moments-là, elle semblait ne pas comprendre ce que je disais pour l'aider à exprimer la charge affective, liée à l'alcoolisme et à la dépression de sa mère qui pesait sur ses épaules. Il est intéressant ici de voir combien Isabelle, en niant mais aussi en déplaçant le problème sur la question des heures de sortie, exprimait fondamentalement et sans le savoir elle-même un profond besoin d'être comprise par ses parents.

Bien que le déni d'Isabelle porte sur la maladie de sa mère qui fait souffrir cette jeune fille, il n'est pas rare, dans le monde médical, de rencontrer des patients qui refusent de se sentir malades et qui nient les risques que cette attitude peut engendrer pour eux-mêmes. Ce déni s'observe même chez des personnes atteintes de maladies graves comme le cancer ou le diabète.

À un degré de plus, il arrive aussi que le déni d'un problème entraîne le déni du déni. Ce type d'attitude, même s'il doit être compris comme moyen de se protéger contre de profondes angoisses, peut entraîner des conséquences graves. On rencontre en particulier ce phénomène chez les jeunes filles anorexiques mentales.

Ce même déni du déni de la réalité s'accompagne parfois d'une vision délirante du monde et des autres, comme s'il s'agissait d'un rêve ou d'un cauchemar éveillé. Je me souviendrai toujours de Jacky, ce patient que son père avait abandonné, ce dont il souffrait beaucoup. Il était persuadé qu'il était le fils du président des États-Unis, quels que soient, du reste, les changements de présidence, et croyait que son père l'attendait pour combattre des ennemis imaginaires. Ce délire mégalomaniaque de filiation était complété par un délire de persécution qui amenait cet homme à souffrir réellement de sensations de morsures de serpent et de piqûres intérieures dont il ne pouvait s'expliquer consciemment l'origine.

La médiatisation de certains dénis de grossesse aux conséquences dramatiques a récemment suscité l'incompréhension et l'horreur du grand public. Dans les cas de déni où les mères en viennent à commettre des actes criminels sur leur bébé, on peut constater un phénomène de clivage : la personne est comme déchirée, coupée en deux, comme si une partie d'elle-même, un autre soi marchait à ses côtés, sans qu'elle puisse ni le voir ni l'entendre. Comment expliquer sinon qu'une femme sûrement sensible à l'extrême, éduquée et intelligente, ayant parfois d'autres enfants, puisse accomplir des gestes meurtriers aussi archaïques ? Même dans les cas les plus insoutenables et incompréhensibles en apparence, une raison très profonde agit pour rendre cette grossesse, cette naissance, insupportable ou impossible.

Le déni constitue un moyen de se protéger qui peut être utilisé ponctuellement par chacun d'entre nous lorsqu'il nous paraît plus apaisant de faire comme si on n'avait rien vu, rien entendu ou rien constaté de désagréable. Nous ne trouvons pas alors d'autre recours pour poursuivre agréablement notre existence.

Mais ce moyen de se défendre est aussi utilisé face à des enjeux beaucoup plus problématiques, comme chez Isabelle ou encore plus chez Jacky.

Nous pouvons tous pratiquer à un moment donné, quand nous nous sentons particulièrement dans une impasse, ces défenses de « dernier recours ». Il est sûrement préférable de faire appel aux autres ressources qui sont à notre disposition et en particulier à celles du premier groupe, les « meilleures » ; le risque principal que comportent ces défenses du troisième groupe est de les utiliser de façon trop fréquente.

J'ai ainsi présenté toute la gamme des stratégies défensives dont tout être humain peut disposer. Leur définition est maintenant reconnue sur le plan international (Annexe I, p. 249) et chacun peut évaluer les siennes (Annexe II, p. 255). Nous verrons plus loin que ces ressources internes se construisent peu à peu au cours de l'existence, au fil de l'éducation, des événements de la vie, des rencontres et peut-être aussi de tendances personnelles innées.

À chaque situation, un moyen de se protéger

Chacun utilisera plus volontiers certaines de ces « digues psychiques » que d'autres dans le but de colmater les débordements de vagues trop tumultueuses ou trop envahissantes. L'important est d'en connaître toute la variété, de savoir quelles sont toutes à notre disposition et de les utiliser de façon à nous protéger intelligemment en fonction des situations que l'on rencontre. Certaines situations seront mieux traitées en utilisant tel mécanisme de défense plutôt que tel autre. Quand on se trouve en conflit avec quelqu'un, mieux vaut savoir s'affirmer que d'agresser passivement, quand on est angoissé de ce qui va se passer, mieux vaut anticiper que fuir, quand on est dans une situation tendue et agressive, mieux vaut utiliser l'humour que la projection paranoïaque. Quand on se sent incapable de faire ce qui nous est demandé, mieux vaut recourir à autrui ou séduire pour susciter l'intérêt de l'autre que de dénier le problème. Quand on se sent épuisé, mieux vaut savoir momentanément se laisser aller, régresser et même partir dans une rêverie « autistique » que de somatiser ou devenir hypocondriaque. Quand on est confronté à une situation déprimante, mieux vaut sublimer, se rendre utile auprès des autres que de cliver le monde et soi-même en tout bon et tout mauvais, en tout noir et tout blanc.
L'essentiel est de comprendre que toutes les situations ne sont pas interchangeables et qu'il faut, face à chacune d'elles, et tout en restant fidèle à la personne que l'on est, trouver la bonne façon de répondre pour protéger son Soi.

Chapitre 5

TOUS PAREILS, TOUS DIFFÉRENTS

L'espace personnel que nous devons préserver dépend des valeurs auxquelles nous nous référons. Notre culture, notre éducation, nos références familiales, notre propre histoire en sont les principaux déterminants.

La façon de nous protéger définit notre personnalité

Il est incontestable qu'en dépit de nos différences personnelles nous avons tendance à réagir de manière similaire : face à de graves menaces mettant en jeu notre vie, notre instinct de survie conduit la plupart d'entre nous à se protéger en cherchant à maîtriser la situation qui nous inquiète. On observe, pour cette raison, que le niveau d'hormones du stress, les corticostéroïdes, diminue dans le sang, aussi bien chez l'animal que chez l'homme, au fur et à mesure qu'il apprend à mieux se protéger et mieux contrôler les événements extérieurs qui l'agressent. Nos comportements pour faire face reposent sur l'interaction entre les éléments liés à la situation rencontrée, la lecture que nous en faisons et nos prédispositions ou nos habitudes personnelles. Ces prédispositions et habitudes définissent pour une grande part notre personnalité. Notre culture, notre éducation, nos modèles familiaux et notre propre histoire y tiennent une large place. Face à l'injustice, nous serons particulièrement sensibles au droit à l'égalité des êtres humains ; face à la discrimination, nous veillerons à la reconnaissance essentielle des différences ; face à une bureaucratie excessive, nous serons soucieux de la défense des libertés individuelles ; face au travail, nous nous attacherons à la juste rétribution du mérite. Pour autant, et nous le constatons tous les jours, ces valeurs peuvent être plus importantes pour certains que pour d'autres.

L'espace personnel dont nous avons tous besoin dépend des ressources psychiques sur lesquelles chacun s'appuie selon son propre mode. Je l'ai dit, si toutes sont potentiellement à notre disposition, toutes ne sont pas utilisées de la même manière par chacun d'entre nous malgré l'intérêt qu'elles présentent. En moyenne, nous tournons, par construction personnelle et en raison de nos habitudes, avec un nombre très réduit de défenses. Heureusement, personne n'a recours tout au long de son existence à une modalité de défense unique, même en cas de dominante forte. Le célèbre cinéaste Woody Allen, qui se définit lui-même comme un grand hypocondriaque et parle alors souvent de son corps malade pour se protéger des angoisses psychiques profondes, sait aussi très bien nous faire profiter de ses capacités sublimatoires et de son humour. De même, un intellectuel face aux contradictions, aux peurs, aux doutes ou à l'embarras qu'il éprouve, utilisera de façon privilégiée la sublimation, l'intellectualisation et même parfois la rationalisation ; l'artiste, lui, sera plus enclin, pour mieux vivre, à se plonger dans la rêverie imaginaire, à déplacer et projeter ses angoisses dans la création, parfois à régresser, accomplissant en lui, pour le proposer ensuite aux autres, un retour vers le monde de l'enfance.

On peut donc établir des liens entre la personnalité, les caractéristiques qui la définissent, les valeurs qu'elle incarne et le style de défense auquel elle recourt. De nombreux travaux se sont penchés sur le style de personnalité et les modalités défensives plus volontiers observées. Incontestablement, l'usage au long terme de mécanismes de défense « dernier recours » comme le déni, la projection, la régression ou le passage à l'acte s'observent de façon privilégiée chez les personnalités considérées comme « immatures ».

À l'inverse, l'utilisation régulière de ce que j'ai présenté comme nos meilleures ressources protectrices s'observe chez des personnalités équilibrées qui contrôlent bien leur impulsivité et leurs émotions. Les moyens de se protéger ont également été corrélés au sentiment d'identité : plus ce sentiment est stable, confiant et assumé et plus les défenses utilisées seront bonnes ; à l'inverse, plus la personne est incertaine de son identité, manque d'estime et de confiance en elle et plus elle aura tendance à employer des défenses de troisième niveau – celles que nous avons nommées « nos derniers recours ».

Ces relations entre le style de défense et le type de personnalité ne sont pas contestables. Dans les nombreux travaux consacrés au sujet, plusieurs traits de personnalité comme l'estime de soi, l'optimisme, le sentiment de pouvoir s'engager, relever des défis ou contrôler une situation apparaissent comme intimement liés à la capacité de pouvoir faire face et répondre de façon active pour se protéger. Agir, anticiper, s'affirmer, avoir de l'humour, sublimer, recourir à autrui et chercher en soi des solutions sont des comportements qu'on trouve préférentiellement chez des individus présentant une « personnalité positive ». À l'inverse, des personnalités dominées par le pessimisme, le sentiment d'impuissance ou le fatalisme – la chance, le hasard, le destin ou le pouvoir exorbitant attribué aux autres – auront une manière beaucoup plus passive de se protéger. Déplacer ou fuir les problèmes, les nier, inverser ce que l'on éprouve ou ce que l'on pense, se plonger dans une rêverie imaginaire, faire parler son corps, se mettre en situation de dépendance ou, plus encore, projeter sur autrui ce que l'on ressent soi-même sont les mécanismes les plus fréquemment repérés chez une « personnalité négative[1] ».

Si chacun de nous utilise donc une gamme de moyens limitée qui le caractérise aux yeux des autres et à ses propres yeux, il n'en demeure pas moins que nous pouvons nous surprendre et surprendre autrui en modifiant notre comportement dans une situation donnée ou pour nous adapter à un nouveau contexte. Nos grandes tendances ne nous empêchent en aucun cas de varier, quand il le faut, notre palette. Face à la maladie, par exemple, surtout s'il s'agit d'un état aigu que nous n'avions pas prévu et qui nous inquiète, beaucoup d'entre nous utilisent spontanément le déni. Or l'isolation est, dans cette situation précise, une modalité de défense bien préférable en cas de nouvelles difficultés ou de rechute[2] ; cela, les malades vont l'apprendre progressivement. Comme la souffrance du corps, la souffrance de l'âme et de l'esprit provient très souvent d'attitudes rigides, répétitives, presque monolithiques. Nous perdons ainsi notre liberté d'exprimer toute notre sensibilité et nos potentialités.

Les femmes et les hommes se défendent-ils de la même façon ?

Quelles relations existe-t-il entre notre manière de nous protéger et d'autres dimensions de notre personnalité – par exemple, notre sexe, notre intelligence ou nos références culturelles ? Nos mécanismes de défense influent-ils sur ces caractéristiques ou bien sont-ils influencés par ces traits de notre personnalité ?

Si l'on a tendance à penser que les hommes et femmes utilisent des stratégies défensives différentes, les résultats des travaux menés jusqu'ici sur ce sujet invitent à nuancer cette idée.

Pour ma part, depuis plus de trente ans, je reçois des femmes et des hommes, seuls ou en couple. Je reçois aussi des enfants, filles et garçons, des adolescentes et des adolescents accompagnés de leurs parents. J'ai ainsi rapidement pris conscience d'un paradoxe fondamental entre les deux sexes : hommes et femmes peuvent s'aimer profondément, ressentir les mêmes émotions, mais ne pas se comprendre, et cela en raison de la manière dont ils expriment leurs émotions. Cette incompréhension mutuelle semble se manifester très tôt dans la vie. Comment en rendre compte ? Comment expliquer que, après des milliers d'années de vie commune, nous soyons encore par moments à ce point imperméables à ce que ressent l'autre sexe ?

Pendant longtemps, nous avons cru que les femmes étaient plus émotives que les hommes. Est-ce vrai ? Dans les faits, la principale différence ne réside pas là, les recherches en psychologie concordent toutes sur ce point. Généralement, les femmes expriment plus facilement ce qu'elles éprouvent, elles perçoivent davantage ce que l'autre ressent, mais surtout elles gèrent autrement les conflits et cherchent davantage à comprendre les motivations de l'autre ; par contraste, les hommes confrontés à un conflit auront tendance à le nier, à reporter sur autrui l'origine d'une difficulté ou à utiliser la projection comme mécanisme de défense. Les femmes ne sont donc pas plus émotives que les hommes mais elles se protègent, si besoin est, différemment.

Le problème n'est pas tant que les femmes expriment leurs émotions ou qu'elles soient plus douées pour reconnaître celles des autres. Il vient plutôt du fait que les hommes mettent à l'écart les problèmes, les « agissant » ou se tournant vers des causes extérieures au lieu de s'interroger sur eux-mêmes et de verbaliser comme le font plus volontiers les femmes. Évidemment, on peut s'interroger sur le poids des stéréotypes, sociaux ou culturels, dans une telle différence : les hommes auraient-ils plus à faire pour s'affranchir des préjugés culturels qui demandent encore souvent au « sexe fort » de ne jamais se montrer faible ?

Une jeune femme, Muriel, me raconte qu'elle ressent depuis plusieurs années des douleurs dans le dos, accompagnées d'un malaise diffus. Aucun diagnostic n'a pu être porté si bien que, lorsque les troubles surviennent, elle

angoisse terriblement et se sent encore plus abattue. Dans ces moments-là, pour s'apaiser, elle parle avec ses amies femmes. Elle trouve auprès d'elles un grand réconfort, surtout chez celles qui rencontrent ou ont rencontré des problèmes analogues. Muriel a également pris conscience avec le temps que aider des amies encore plus en difficulté qu'elle, lui fait du bien. Parfois aussi, elle s'y prend autrement : elle réussit, sans trop savoir comment, à occulter sa douleur, mais cela ne dure jamais très longtemps ou bien elle parvient à en rire pour ne pas, ajoute-t-elle rapidement, en pleurer.

On reconnaît chez Muriel différentes manières de se protéger contre l'angoisse et le sentiment d'impuissance qu'elle éprouve : l'identification à des personnes partageant la même épreuve, l'altruisme envers ceux qui souffrent davantage ou encore le déni de la douleur et la formation réactionnelle qui permet de passer des larmes au rire.

À plusieurs reprises, Muriel a essayé de parler avec son mari. Chaque fois, il s'est contenté de répondre gentiment ou plus sèchement : « Va voir ton médecin et, s'il ne peut pas te soigner, prends-en un autre. » C'est le type de réponse qui l'agace prodigieusement. Elle sait bien qu'elle doit aller voir son médecin, elle l'apprécie d'ailleurs, mais, ajoute-t-elle : « Ce que j'attends à ce moment-là de mon mari, ce n'est pas une solution toute faite, c'est d'être entendue et rassurée. »

Je lui explique que son mari s'exprime de cette manière bien masculine pour se protéger contre l'angoisse qui est, par nature, communicative. Sa réaction apparemment égoïste et cruelle est sa façon de répondre à l'anxiété qu'elle manifeste et qu'il ressent profondément. Bien sûr, elle a raison d'exprimer son inquiétude et de chercher du réconfort, mais son mari, comme beaucoup d'hommes, y répond à sa manière et, à l'inverse, il est vrai, de ce qu'il faudrait faire : pour faire face, il met à l'écart le problème et projette son impuissance sur le médecin incapable de soulager la patiente qu'est sa femme.

Cet exemple est typique des malentendus entre les femmes et les hommes : en général, ces derniers supportent mal les problèmes en attente. Ils cherchent à proposer rapidement des solutions : la prise de distance et l'auto-observation ne sont pas leurs qualités premières. Qu'une femme se plaigne et aussitôt l'homme croit que c'est un défi lancé à ses compétences qu'il doit relever dans la seconde.

Se comprendre et comprendre l'autre sexe n'est pas seulement une démarche sociale ou intellectuelle ; cela implique notre espace intime, souvent difficile à explorer, tant il est protégé, parfois volontairement, mais le plus souvent inconsciemment, par des ressources défensives propres à chaque sexe. On peut néanmoins se demander pourquoi tel ou tel mécanisme de défense sera préféré par l'un ou l'autre sexe.

Sans doute les phénomènes d'identification montrent là toutes leurs forces.

Femmes et hommes, mères et pères souhaitent inconsciemment servir de modèles à leurs enfants, au risque parfois de reproduire, sans s'en apercevoir, des schémas qu'ils combattent. Ainsi une mère, confrontée à l'agressivité ou à la colère de son enfant, réagira-t-elle différemment selon qu'il s'agit d'une fille ou d'un fils. Dans le premier cas, elle essaiera de restaurer la concorde, cherchera à montrer l'utilité de l'auto-observation, du recours à autrui et de l'identification à son amie « qui ne se met pas en colère » ; et enfin elle finira par un conseil : « Sois gentille, ma chérie. » C'est un tout autre discours que cette même mère tiendra à son fils : ne cherchant plus à rétablir à tout prix l'entente passée, elle aidera celui-ci à déplacer le problème, elle ira même jusqu'à accepter que son enfant nourrisse un désir de vengeance. « Défends-toi », dira-t-elle simplement. Rien d'étonnant dès lors que les filles utilisent plus volontiers, dès l'enfance, des stratégies de défense comme la formation réactionnelle, l'identification ou l'altruisme. Rien d'étonnant non plus que les garçons utilisent plus volontiers, dès l'enfance, des moyens de protection comme le déplacement, l'action ou même la projection.

Les résultats les plus marquants des études menées sur les différences entre les enfants des deux sexes montrent que les garçons ont un fonctionnement défensif plus important et des défenses plus orientées vers l'extérieur (l'action, la projection, par exemple), tandis que les filles utilisent des défenses plus orientées vers l'intérieur (par exemple, l'auto-observation, le retournement contre soi)[3]. Ces différences s'atténuent lorsque l'enfant grandit, pour redevenir importantes à l'adolescence.

Parallèlement, ou complément au rôle de l'éducation, on considère que, d'un point de vue culturel et social, l'utilisation de telle ou telle défense a des conséquences différentes selon le sexe. On sait, par exemple, qu'entre 2 ans et demi et 5 ans, les garçons deviennent progressivement deux fois plus coléreux que les filles. Quelles qu'en soient les raisons, génétiques, hormonales ou éducatives, une petite fille très coléreuse, qui passe facilement à l'acte ou considère que ce sont les autres qui l'embêtent, sera moins facilement acceptée par son entourage familial et par le milieu scolaire qu'un petit garçon qui manifesterait les mêmes comportements. De même, une femme qui exprime sa colère, de façon impulsive, surtout en public, se verra plus facilement attribuer le qualificatif d'hystérique qu'un homme avec le même comportement. Ajoutons que, selon les étapes de la vie, les difficultés rencontrées n'ont pas le même poids pour les deux sexes. Une étude a ainsi comparé un groupe d'hommes et un groupe de femmes ayant un âge moyen de 70 ans et a montré, à partir de cet échantillon, que ces dernières présentaient un fonctionnement défensif plus important, probablement en relation avec les difficultés plus grandes qu'elles rencontraient dans leur vie quotidienne[4].

Tout cela ne doit néanmoins pas laisser penser qu'il existerait des défenses purement féminines ou purement masculines. Quel que soit notre sexe, chacun de nous possède, en lui, le même ensemble des moyens psychiques de se défendre.

L'histoire suivante montre bien, qu'homme ou femme, nous pouvons utiliser les mêmes mécanismes de protection, même si les préoccupations sont apparemment différentes.

Amélie et Jérôme se disputent à propos de leur fils Julien dont les résultats scolaires sont médiocres. Amélie considère qu'il manque de confiance en lui, Jérôme que c'est un paresseux.

Tout comme sa femme, Jérôme, chez qui on peut reconnaître des traits de personnalité positive, est inquiet pour l'avenir de son garçon : il lui rappelle ses propres difficultés en cours lorsqu'il était enfant, mais sans cet esprit de compétition qu'il parvenait, lui, à manifester dans le sport. Amélie ne comprend d'ailleurs pas pourquoi, chaque fois qu'il est question des difficultés scolaires de Julien, Jérôme en revient au sport. Incontestablement, sûrement par angoisse, mais aussi par référence à lui-même, Jérôme déplace ce qui l'inquiète le plus, c'est-à-dire le scolaire, sur le sport.

Un jour, lors d'une séance de psychothérapie, Amélie s'étonne à haute voix de l'obstination qu'elle met à trouver une veste qui aille avec la jupe qu'elle s'est achetée. Elle ne comprend pas et s'étonne elle-même. Jusqu'à ce que son autre petit garçon, Aurélien, 6 ans, l'aide, sans le vouloir, à y voir plus clair. Au moment de partir à l'école, sans doute pour faire plaisir à son père, celui-ci a décidé d'emporter le ballon de football qu'il a reçu pour son anniversaire. Amélie refuse, tient bon. Aurélien pleure, crie, trépigne. Lorsqu'il comprend que sa mère ne cédera pas, il va finalement chercher le petit livre qu'il emporte souvent avec lui en partant en classe. Amélie est heureuse de voir son fils trouver de lui-même une solution et un objet de compensation… Miracle de l'inconscient, la raison de son propre entêtement lui apparaît alors. Au fond, lorsque son mari refusait d'entendre les problèmes scolaires de Julien, leur aîné, elle aussi trépignait, intérieurement, elle aussi se sentait malheureuse. À son insu, cette veste indispensable, qu'elle cherche obstinément, est une compensation. Toutes proportions gardées, elle réagit comme son petit garçon qui désirait tant emmener à l'école le ballon offert par son père. Elle, elle aurait tant voulu que son mari la comprenne quand elle évoquait les problèmes scolaires de leur fils… Ce souhait, elle l'a déplacé sur une veste, ardemment désirée et jamais trouvée… Au total, on le voit, Jérôme à sa manière et Amélie à la sienne utilisent donc le même mécanisme de défense : le déplacement d'un souci sur un autre afin d'apaiser leurs angoisses.

L'intelligence joue-t-elle un rôle ?

Tous les hommes éminents, disaient Aristote, sont condamnés à être malheureux. L'intellectualisation et la sublimation caractériseraient-elles les personnes intelligentes, mais peut-être au fond pessimistes ? Écrire des graffitis sur les murs le long des voies ferrées quand on est un adolescent en mal d'apprentissage et d'investissement scolaire, est-ce un passage à l'acte, une projection permettant d'exprimer sans trop de douleur son angoisse, sa colère et ses difficultés à intellectualiser et à sublimer, ou bien un signe d'affirmation de soi et un déplacement victorieux ?

S'agit-il donc bien d'une question d'intelligence ? La réponse est : oui, si l'on se réfère à l'intelligence purement intellectuelle, mais non, si l'on adopte une définition plus large de ce qu'est l'intelligence.

Quel lien peut-on donc établir entre la personnalité, le niveau intellectuel et les mécanismes de protection employés ? On a constaté que le déni des problèmes se rencontrait plus fréquemment chez des personnes immatures, celles qui avaient du mal à contrôler leurs impulsions et qui présentent, de fait, un mode de pensée souvent simpliste et dichotomique[5] – on peut être immature à cause de ressources intellectuelles limitées – indépendamment de sa volonté, donc. Mais, dans ce cas, le déni doit être compris comme un recours permettant à telle personne, compte tenu de sa capacité à appréhender des situations complexes, de s'adapter de façon appropriée. Ce peut être une erreur, sinon une maltraitance, que de demander à quelqu'un de faire ce dont il n'est pas capable ou de recourir à un type de protection qu'il lui sera difficile d'utiliser et qui se révélera, au bout du compte, inefficace. L'enfer est parfois pavé de bonnes intentions.

En résumé, les travaux des psychologues qui ont étudié les relations entre quotient intellectuel et modalités défensives aboutissent à un constat simple : l'absence de relation directe chez l'enfant, l'adolescent et, à un certain degré, chez le jeune adulte. En revanche, une relation s'observera chez la personne plus âgée. Cela peut se comprendre : les défenses considérées comme les plus régressives (passage à l'acte, déni, projection) se rencontrent plus volontiers durant les premières années de vie, tandis que les défenses plus « matures » (sublimation, affirmation, auto-observation) se retrouvent plus fréquemment à mesure que la personne avance en âge et dans la vie. L'utilisation de tel type de protection plutôt que tel autre aurait donc plus à voir avec l'âge mental du sujet qu'avec son niveau intellectuel.

Forces intérieures et culture

Je rappellerai ici un changement de comportement et de manière de se protéger lié à un changement culturel – je m'en suis déjà inspiré dans un ouvrage que j'ai consacré aux différences des hommes et des femmes dans l'expression de leurs émotions[6]. Il s'agit de ce que j'ai nommé la révolte des Ibos. J'en résume l'histoire.

Dans une société indigène du sud-est du Nigeria, les femmes ibos ont conservé leur puissance pendant plusieurs siècles. Elles étaient autonomes et exerçaient un pouvoir politique et économique. Contrairement à une majorité de sociétés, le contrôle et la culture de la terre étaient à la charge des hommes. Au moment du mariage, ce n'était pas la femme, mais le mari qui était tenu de donner à son conjoint un lopin à exploiter. C'était comme une dot à l'envers en somme. Les femmes se mettaient alors à participer à l'économie, emportant au marché les produits du sol, s'occupant des ventes et conservant l'argent de ces ventes. Seulement voilà, au début du XXe siècle, l'Angleterre place le sud du Nigeria sous protectorat et les choses changent. Éduqués dans la croyance victorienne qu'une épouse doit se consacrer à son mari, qu'elle en est dépendante, les colonisateurs instaurent un système de zones territoriales dont ils confient l'administration à des tribunaux de natifs composés uniquement d'hommes. Les femmes commencent à perdre de leur pouvoir. Elles décident de se réunir au marché et tiennent conseil. Leur décision : se révolter. On dit que le soulèvement s'étendit sur une grande partie du territoire et que des milliers et des milliers de femmes y prirent part. La répression de la révolte fut sanglante, les Anglais massacrant soixante femmes par mesure de représailles. Les femmes arrêtèrent la guerre. Elles changèrent de comportement. Pour se protéger, elles ne cherchèrent plus à s'affirmer, à agir, à diriger ; elles choisirent d'anticiper les risques que leur statut de femme comportait désormais. Elles se plièrent, du moins en apparence, au nouveau pouvoir en place. Le contexte social et culturel les avait ainsi obligées à s'adapter, à changer de modalités de défense.

On pourrait aujourd'hui s'interroger sur la manière dont les personnes confrontées à l'immigration se protègent psychiquement des difficultés qu'elles rencontrent. Certaines choisissent le clivage, une partie d'elles-mêmes gardant leur attachement à leur culture d'origine, tandis qu'une autre s'adapte à la culture dans laquelle elles vivent désormais – combien de confrères médecins qui exercent dans des communes à fort taux d'immigration constatent ainsi que leurs patients s'adressent à eux et suivent leurs prescriptions, mais, en même temps, consultent ceux qui, dans leur culture d'origine, détiennent le pouvoir de soigner et de guérir. D'autres choisissent l'humour, pour se moquer d'elles-mêmes ou des gens qui les entourent. D'autres encore cherchent à mettre de côté les questions gênantes que toute intégration dans une nouvelle culture soulève. Parmi elles, certaines, comme j'ai pu le constater moi-même, chercheront à aider les individus les plus en difficulté, dans une démarche identificatoire et altruiste qui les aide et aide les autres à faire face au nouveau contexte qu'ils doivent affronter.

Une dernière illustration du rôle de la culture dans l'emploi des stratégies de protection nous est fournie par une étude menée aux États-Unis qui comparait les modalités de défense utilisées par des femmes asiatiques et des femmes blanches[7]. Les résultats de ce travail montrent un lien significatif, chez les femmes d'origine asiatique, entre les difficultés rencontrées pour s'intégrer dans la société américaine et l'utilisation privilégiée qu'elles font de certaines défenses : plus la perte de l'identité est forte chez elles et plus on observe que la projection est utilisée au détriment de l'identification pour faire face à la nouveauté du contexte.

Si la culture influe bien sur les moyens de défense préférés, il serait abusif de réduire telle modalité défensive à tel type de culture. Comme le montrent les deux exemples rapportés ci-dessus, ce qui importe, c'est plus le changement culturel et ses effets sur la manière de réagir que les spécificités culturelles à proprement parler.

Chapitre 6

LA ROUTE DU SOI : DU BÉBÉ À L'ÂGE ADULTE

Rappelons que ce livre a aussi pour but de présenter comment nos différents piliers protecteurs se construisent au cours de notre existence. Nous aimerions, dans ce chapitre, permettre à tous les parents d'aider leurs enfants, leurs adolescents ou leurs jeunes proches, à bien utiliser, au fur et à mesure qu'ils grandissent, ceux qui sont à leur disposition et qui leur seront les plus précieux dans la vie. Connaître les modalités défensives de l'enfance et de l'adolescence éclaire souvent des comportements, des modes de relations et de communication que nous ne comprenons pas toujours bien. Être irritant, perdu ou impuissant constitue trois « capacités négatives[1] » que nous éprouvons dès l'enfance et dont nous allons chercher toute notre vie à nous défendre.

J'ai évoqué, en décrivant nos vingt-sept piliers protecteurs, comment certains d'entre eux se construisaient en passant du corps à la pensée[2], de l'éprouvé corporel à l'éprouvé psychique. La route du Soi commence en effet dès les premières heures de vie et se construit peu à peu grâce aux piliers protecteurs dont les fondements se mettent en place dès le début de la vie. Les bases de la confiance en soi s'installent dès la naissance, et sans doute même avant[3], car « le bébé est doté d'un pouvoir d'initiation et d'envie de connaître afin de devenir indépendant et autonome[4] ». Il est en cela soutenu par ses parents et par la manière dont ses parents ont eux-mêmes construit leurs propres défenses. En effet, plus ils sauront prendre soin d'eux et mieux ils sauront prendre soin de leur enfant.

Chacun, en effet, souhaite avoir « une vie dépourvue de toute pesanteur », pour reprendre la belle expression de Stefan Zweig à propos du Paris de la Belle Époque. Chacun sait aussi que l'existence n'est pas une fête continuelle, surtout aujourd'hui. À nous d'apprendre comment trouver un équilibre entre, d'un côté, les exigences de notre époque et, de l'autre, le besoin essentiel de vivre pleinement. Si, comme l'affirment les deux éminents psychanalystes, internationalement reconnus, que sont Jean Laplanche et Jean-Bertrand Pontalis, nos défenses constituent bien « l'ensemble des opérations dont la finalité est de réduire ou de supprimer toute modification susceptible de mettre en danger l'intégrité et la constance de l'individu[5] », nous pouvons donc raisonnablement penser que nos piliers protecteurs peuvent nous y aider et aider nos enfants.

Myriam aime la vie, mais, derrière son apparente énergie et son optimisme affiché, se cache un manque de confiance qui, par moments, la fait souffrir et qui est parfois source de moments de tristesse et de déprime. Cette femme a le sentiment que sa vie est une compétition permanente et

elle entretient ce sentiment qui l'aide à vivre. Au travail, à la maison, dans ses loisirs, elle manifeste volontiers cet esprit de compétition dont elle est fière et qui la protège de ses angoisses et de ses doutes. D'où lui vient ce tempérament bagarreur ? se demande-t-elle. Est-elle née comme cela ? Elle remarque que sa mère aussi était habitée par cet esprit de combat. Quant à son père, elle l'a peu connu, car il est mort jeune. Elle se souvient simplement qu'au milieu des enfants de son âge qui avaient toujours leur père, elle éprouvait un sentiment d'injustice et d'infériorité. À cette époque, elle était complexée et particulièrement réservée, mais elle triomphait de sa timidité en réussissant scolairement. Elle aimait être la meilleure et dominer ainsi ses camarades. À l'adolescence, grâce à une amie, elle est devenue plus ouverte, plus extravertie, grâce à la pratique d'un sport collectif : elle s'est sentie moins seule à partir de ce jour. Sa chance a été d'être douée pour ce sport, dit-elle, et de devenir une excellente joueuse. Évidemment, sa réussite dans cette activité a renforcé son esprit de compétition. Aujourd'hui, à 40 ans, elle se rend compte combien le sport lui a permis de dépasser ses complexes, même s'il n'a pas totalement effacé ses peines profondes. Le fait de se protéger contre ses démons intérieurs en se tournant vers l'action était peut-être inscrit dans son patrimoine génétique. En tout cas, l'action a sans aucun doute été son moyen de prédilection pour se libérer de ses complexes d'enfant, il lui a permis à l'adolescence de s'affirmer et d'entretenir un désir de réussite que ses performances sportives ont comblé. Toute sa vie durant, elle sait qu'il faudra qu'elle compose avec sa fragilité intérieure mais elle sait aussi, et depuis maintenant plus de vingt ans, qu'elle a, en elle, le moyen de se protéger de ce qui pourrait la faire vaciller[6]. Elle souhaite faire profiter ses deux enfants de son expérience.

L'origine de nos forces protectrices

Pour mieux comprendre ce qui est à la base de nos ressources défensives, on peut s'appuyer sur la métaphore du cheval et du cavalier, brillamment utilisée dans un ouvrage récent par Roland Jouvent [7], le directeur du centre Émotions du CNRS à La Salpêtrière. Nous ne le savons pas tous forcément, mais nous possédons « deux cerveaux empilés ». Ces deux cerveaux « sont nés ensemble, ils ont grandi ensemble, ils finiront ensemble ». Ils rassemblent toute la machine cérébrale humaine, l'un ne pouvant fonctionner sans l'autre. Quelle est leur histoire ? Au début de l'histoire de l'humanité, que rappelle l'arrivée de chacun de nous sur terre, « c'est le cheval, l'ancien, qui a aidé le cavalier à se développer, qui lui a donné l'énergie et les règles pour construire sa belle intelligence ». Puis cette dernière, présente en chacun de nous a, comme l'histoire du vivant le montre, pris les commandes : « Quand l'intelligence a supplanté la force physique, écrit Roland Jouvent, le néocortex est devenu le maître cavalier. » Qu'est-ce qui différencie fondamentalement le cavalier de sa monture ? Le cheval, le sous-cortex enfoui au plus profond de notre cerveau, constitué notamment de l'hippocampe et de l'amygdale, « est rapide, intuitif, sensuel, arrogant, expressif, méfiant, rancunier. Sa sensualité provient de ce que c'est lui qui a faim, qui a soif, qui a des désirs sexuels, qui se met en colère ». Le cavalier, le néocortex, « est plus réflexif, intelligent, raisonneur, logique, associatif, il planifie, fait des liens, symbolise, métaphorise, commente, bavarde, digresse... Il ne cesse de grossir, de s'épaissir, devenant chaque siècle plus intelligent et plus performant ». Ce même mouvement s'observe au cours du développement cérébral.

La règle de base est immuable : le cavalier commande, il doit maîtriser sa monture. « De l'harmonie et de la complicité entre les deux compères dépend la magie humaine », note Jouvent[8]. Voilà qui permet de rendre compte, sur un plan biologique et neuroscientifique, de l'énergie, des émotions et des schémas de pensée dont nous disposons pour faire face aux différents événements de la vie. La psychanalyse, elle, nourrit un objectif voisin, mais quelque peu différent, puisqu'elle cherche notamment à comprendre *comment* chacun de nous, à partir de son histoire personnelle, se protège contre les angoisses et les « capacités négatives[9] » qu'il éprouve depuis sa naissance. Elle vise à mettre en lumière la manière dont nous construisons, dès les premiers jours de notre vie et tout au long de notre enfance, de notre adolescence et de notre vie adulte, les différents piliers protecteurs qui vont nous servir à nous défendre.

De façon passionnante, on retrouve chez Freud, en 1933, à propos des mécanismes de défense, cette métaphore du cheval et du cavalier. Freud note, en effet : « Le cheval fournit l'énergie, la locomotion ; le cavalier a la prérogative de déterminer le but, de guider le mouvement du puissant animal. Mais survient trop fréquemment le cas, qui n'est pas idéal, où le cavalier doit mener le coursier là où celui-ci veut aller[10]. » Pour le père de la psychanalyse, notre Moi se développe justement au cours de l'existence de façon à se donner à lui-même le sentiment qu'il a trouvé le moyen d'avoir la haute main sur ses instincts et ses pulsions : il est comme le cavalier qui doit guider son cheval. Pour le dire autrement, alors que nous sommes impuissants par la fragilité de notre nature, nous disposons, en tant que sujets prenant conscience du monde qui nous entoure, grâce aux moyens que nous développons pour nous défendre, d'une sorte de pouvoir sur la vie qui est à la source de notre sentiment de liberté.

Dès tout petit, un bébé apprend à se nourrir à partir de ce qui lui est donné par le monde qui l'entoure et, en tout premier lieu, par sa mère. Incorporant la bonne nourriture, rejetant celle qui lui déplaît, il parvient peu à peu à se représenter mentalement que, pour éprouver du plaisir et éviter le déplaisir, il doit non seulement se saisir de ce qui est agréable et qui lui est offert par l'extérieur, mais aussi établir un lien avec ce monde extérieur. Pour la célèbre psychanalyste d'enfants Melanie Klein[11], la mère est le premier contenant dans lequel le bébé rejette et extériorise ses angoisses douloureuses de solitude et de séparation, fournissant ainsi le prototype des premiers mécanismes de défense de déni et de projection. La capacité de la mère à accueillir l'angoisse et la frustration de son enfant grâce à sa « capacité de rêverie » sera en mesure de « penser » et de « panser » la détresse du bébé et permet à celui-ci d'intérioriser le prototype d'un troisième mécanisme de défense : l'identification à la personne qui vous apaise et vous fait du bien.

Au fur et à mesure de son développement, un enfant apprendra à s'identifier aux autres adultes, mais aussi aux enfants plus âgés qui l'entourent. Il se rend rapidement compte que les capacités qu'il acquiert ainsi vont dans le sens de son désir d'autonomie et de maîtrise, lui donne des possibilités d'agir et de jouer qui peuvent aussi avoir une fonction défensive interne contre la séparation et l'absence de l'adulte protecteur. Il acquiert de la sorte au fil du temps la capacité de se protéger lui-même. Il en tire une fierté, une confiance et un plaisir supplémentaires.

Évidemment, l'identification aux propres ressources défensives des parents est déterminante dans le type de défense que l'enfant utilisera. Même un très petit comprendra, par exemple, que c'est en souriant comme le fait sa maman ou son papa, qu'on obtient ce qu'on désire et que c'est en disant « non » qu'on fait respecter la personne que l'on est. L'ayant compris, il reproduira à son tour ce modèle.

Nos différentes manières de nous protéger doivent ainsi être comprises comme issues à la fois de notre cerveau et de notre histoire personnelle, donc de notre éducation. Nous savons aujourd'hui combien les interactions entre l'environnement et le cerveau façonnent notre manière d'être durant toute notre existence.

Du bébé à l'adulte

Nous allons mieux comprendre maintenant comment, du bébé à l'âge adulte, nos moyens de défense se construisent progressivement.

Un premier constat qui n'étonne pas mais que la psychologie de l'enfant a maintenant bien confirmé repose sur le fait que quand l'enfant est stressé, l'utilisation de ses ressources défensives s'accroît. Les frustrations, les déceptions, le manque de confiance en soi sont des sentiments partagés par tous les enfants, ils nécessitent l'utilisation des mécanismes de défense pour en réduire l'intensité. La déception par exemple de ne pas participer à une activité ou de ne pas être choisi par ses camarades pour jouer sera ainsi atténuée par des stratégies défensives mentales comme le déni (« je m'en fiche, je ne voulais pas jouer »), la projection (« c'est parce qu'ils ont peur que je joue mieux qu'eux ») ou l'identification (« les bons élèves ne jouent pas à ce jeu, ils lisent »).

Second constat, peut-être moins évident que le précédent : nos défenses ont pour caractéristique d'émerger et de se développer de façon plus importante à certaines périodes de notre vie. Nous savons en effet à ce niveau que tous les moments de la vie ne se valent pas. La spécialiste, Phebe Cramer, professeur de psychologie internationalement reconnue, a même démontré dans ses études qu'au cours des différentes étapes de l'enfance, une défense émergeait plus volontiers et avait un développement progressif, puis décroissait plus ou moins fortement : le déni prévalait de 1 à 6 ans pour devenir de plus en plus rare à partir de 10 ans ; la projection montait en puissance surtout à partir de 3 ans pour atteindre son maximum d'utilisation à 10 ans, puis s'estompait ensuite très progressivement ; quant à l'identification, on la voyait aussi apparaître dès les premiers mois de vie mais elle ne devenait vraiment importante qu'à partir de l'adolescence. Ce développement est déterminé, au moins en partie, par les capacités cognitives et les capacités d'échanges sociaux que possède l'enfant à son âge. Les défenses qui sont, d'un point de vue cognitif, simples dans leur forme nécessiteront moins de développements cognitifs : elles émergeront et seront utilisées aux étapes les plus précoces de l'enfance. C'est le cas du déni où il s'agit simplement de nier une pensée, un sentiment ou une perception. Il se caractérise simplement par la capacité de regarder et de ne pas voir pour se protéger de ce à quoi on pourrait être confronté. Le déni nécessite moins de capacités cognitives que la projection qui implique de savoir distinguer entre ce qui est plaisant et déplaisant, entre soi et l'autre, entre l'intérieur et l'extérieur, entre ce qui est acceptable et inacceptable suivant les critères éducatifs en vigueur autour de nous. Mais la projection – et, donc, le déni – nécessite à son tour de moins grandes capacités mentales que l'identification qui est une défense plus complexe, car elle implique, outre de pouvoir distinguer entre soi et les autres, de savoir différencier entre ces autres, d'être en mesure de sélectionner certaines de leurs qualités pour rejeter celles qui ne nous vont pas. Il n'est donc pas étonnant que l'on constate dans les études une prépondérance de l'utilisation du déni chez l'enfant très jeune, de la projection chez l'enfant un peu plus âgé et de l'identification à l'adolescence.

Bébé apprend à se défendre

Dès leur venue au monde, on observe des moyens de réagir différents entre bébés. Certains s'endorment plus facilement malgré l'agitation autour d'eux, d'autres acceptent mieux le stress de l'attente de nourriture. À propos des moyens de se défendre on a utilisé le terme de « précurseur », véritable prototype qui fait référence au stade précoce d'une défense. Sur ce sujet, on doit beaucoup au psychanalyste René Spitz qui a consacré une étude spécifique aux prototypes de défense présents au cours de la première année de vie et d'une partie de la deuxième[12]. Spitz est bien connu pour ses travaux sur l'hospitalisme des très jeunes enfants, mais il a aussi abondamment travaillé sur ce qu'il appelle les « organisateurs précoces de la vie psychique » – le sourire, l'angoisse de l'étranger au 8e mois, le « non » et le « oui ». Pour lui, le prototype physiologique de toute défense, mais particulièrement de la régression et du déni, est le sommeil. « Peut-être aurais-je dû plutôt parler du sommeil comme d'une défense idéale, ou même mieux de la défense la plus précoce », écrit-il.

Le prototype du déni, qu'on peut comprendre comme le résultat d'un retrait psychologique d'attention par rapport au monde extérieur, peut être observé, je l'ai dit, chez le bébé qui, bien que plus attentif à ce qu'on croyait dans le passé, montre néanmoins des moments de retrait et d'inattention qui ne nous paraissent pas anormaux à cet âge. Personne n'est étonné qu'un bébé ne réponde pas à tous les stimuli que son entourage provoque et auxquels un enfant plus âgé sera plus sensible. Comment expliquer l'évolution de ces précurseurs en véritables mécanismes psychiques de défense ? L'hypothèse prédominante est celle d'un mouvement d'intériorisation du dispositif biologique sous forme d'opération de pensée : il y aurait ainsi passage d'une réaction motrice à une structure cognitive intériorisée. Confortant cette hypothèse d'une intériorisation plus ou moins poussée d'un mécanisme biologique préexistant, nous avons vu que le prototype du mécanisme psychologique qu'est la projection semblait s'appuyer sur une réponse physiologique présente précocement chez le très jeune enfant : quand un bébé perçoit qu'un aliment ou qu'un objet dans sa bouche est désagréable ou « mauvais », il le rejette spontanément à l'extérieur comme, plus tard, l'adulte rejette à l'extérieur de lui ce qu'il ressent comme mauvais ou désagréable en lui.

Cette hypothèse a conduit certains chercheurs à proposer trois temps successifs pour comprendre le passage d'un comportement purement instinctif à un mécanisme psychique élaboré. Il existerait ainsi un premier temps, « précurseur », correspondant au comportement instinctif qu'un bébé peut manifester ; puis un deuxième temps rassemblant différentes stratégies d'ajustement utiles face au stress, celles que les spécialistes qualifient de « biopsychocomportementales[13] », qu'il s'agisse des stratégies d'évitement où l'attention est détournée de la source de stress ou, à l'inverse, des stratégies vigilantes où la personne se concentre sur cette source pour contrôler et prévenir le stress ; enfin, le troisième temps serait marqué par la modification psychique de la signification subjective donnée aux événements grâce aux mécanismes psychologiques de défense à proprement parler, comme la projection ou le déni.

À ce degré le plus évolué, certains mécanismes appartiendraient « à une série de dispositifs psychologiques qui se développent à un niveau de complexité plus élevée et sont basés sur des dispositifs psychologiques et non plus physiologiques institués antérieurement ». Il en serait ainsi, pour Spitz notamment, de la formation réactionnelle, de la sublimation ou de l'intellectualisation. N'oublions pas qu'à la naissance, seules 10 % des connexions entre les neurones existent : le reste se forme ultérieurement, en fonction de l'environnement et des apprentissages. D'ailleurs, les récentes découvertes sur le cerveau ont même montré l'extraordinaire plasticité de cet organe, longtemps mystérieux, qui évolue tout au long de la vie.

Éduquer votre enfant à résister pour profiter de la vie

Pourquoi ne pas apprendre aux enfants qu'eux aussi, au cours de leur développement, ils peuvent acquérir progressivement ces forces internes en différentes étapes et leur en favoriser l'usage ? Tout enfant vit des angoisses qui le submergent. Comment votre enfant à mesure qu'il grandit résiste face à ses angoisses et s'en défend ? Cet apprentissage se fait de toutes sortes de manières – interactions à la maison avec les parents, relations avec les petits camarades d'école, rituels de la vie quotidienne comme la lecture de l'histoire le soir au coucher. Les mamans et maintenant aussi les papas lisent et/ou racontent une histoire pour aider leur petit à s'endormir. Les parents bienveillants s'étonnent souvent que l'enfant demande toujours la même histoire bien que celle-ci présente des personnages souvent sous la forme d'animaux, mais pas uniquement dangereux ou malveillants.

Depuis *Le Petit Chaperon rouge* jusqu'à *Babar* dont les chasseurs ont tué la maman, l'horreur semble donc au rendez-vous soir après soir. Pourquoi, alors, les enfants en redemandent-ils ? Et pourquoi choisissent-ils ce type d'histoire plutôt qu'un autre ? Il semble qu'ainsi ils apprennent, sans le savoir, mais avec un plaisir évident, à développer des modalités considérées comme les plus efficaces pour se défendre contre une angoisse envahissante. En effet, écouter une histoire qui fait peur permet non seulement de projeter ses propres sentiments agressifs et hostiles sur les personnages menaçants – les dragons qui fascinent, par exemple –, mais de déplacer son angoisse d'être dévoré ou abandonné sur une créature imaginaire qu'on voit comme quasi réelle. Et si ces histoires ou ces contes ont un tel succès, c'est aussi qu'il existe toujours un personnage auquel on peut recourir. Et nous l'avons vu, le recours à autrui constitue un excellent moyen de défense.

Quand on étudie précisément ce qui se passe chez l'enfant à mesure qu'il grandit, on s'aperçoit que les histoires qui l'intéressent suivant son âge lui donnent l'occasion de se construire psychiquement par l'identification aux différents personnages et aux scènes qui se déroulent. Le succès de *Harry Potter* en est un magnifique exemple. On peut retrouver dans cette saga, l'ensemble des forces défensives dont on a vu la diversité. Toutes sont quasiment là : la rêverie, l'isolation, le clivage, le déni de la réalité, l'idéalisation, l'intellectualisation. On peut donc dire que, quel que soit son âge, et qu'il s'agisse d'histoires simples, mais fascinantes, ou beaucoup plus complexes, un enfant qui en redemande intériorise, à son insu, différents moyens de se protéger qu'il pourra ainsi utiliser de mieux en mieux dans les situations de la vie quotidienne qu'il rencontre.

Très souvent à et âge, on observe, et les parents en font fréquemment le constat par eux-mêmes, qu'un enfant exprimera volontiers ce qui l'angoisse profondément par une plainte physique : les maux de ventre et les maux de tête la veille de la rentrée des classes ou le dimanche soir sont des signes d'appel, mais aussi des moyens de déplacer implicitement sur le corps la peur d'aller à l'école ; ces douleurs subjectives prennent la place, psychiquement, des préoccupations liées à la vie scolaire. À mesure qu'il grandit, un enfant se défend aussi contre ce qui lui paraît inaccessible ou interdit en s'affirmant et en affirmant avec excès ses désirs et son besoin d'autonomie. Se passer de l'adulte et, en particulier, de ses parents devient un enjeu personnel pour se sentir exister par soi-même. Les vacances hors de la famille sont l'occasion de tester ses différentes modalités défensives. Certains s'en sortiront bien, ils vivront bien cette aventure heureuse et pourront affirmer leur autonomie ; d'autres, à l'inverse, auront tendance à régresser, à se replier sur eux-mêmes ou à exprimer leur mal-être par des plaintes somatiques qu'ils réservaient jusque-là aux jours d'école…

Quelle place prend alors la fameuse phase œdipienne ? On le sait, elle intervient tout au long du développement de l'enfant, disons jusque vers 7 ans. Elle s'ouvre par la découverte de la différence des sexes et par la prise de conscience de son identité propre (« je suis un petit garçon », « je suis une petite fille »). À côté du désir de voir et du plaisir masturbatoire qui peuvent dominer à cet âge, l'enfant trouve souvent une troisième voie pour dériver ses angoisses pulsionnelles : le désir de connaître et de savoir. Des questions comme « D'où viennent les enfants ? », « Comment m'avez-vous fait ? », « M'avez-vous désiré ? » sont à l'origine des réponses que l'enfant sera amené à recevoir ou à se donner, et débouchent sur la découverte du plaisir de penser, de regarder et d'apprendre, précurseurs de la sublimation.

Après cette première période œdipienne, l'enfant traverse une autre période appelée période de latence, au cours de laquelle, généralement, la majorité des mécanismes de défense les plus élaborés et les plus utiles se mettent en place. Certains chercheurs et cliniciens caractérisent même cet âge par le plaisir du fonctionnement du Moi[14]. C'est l'étape essentielle pour le développement de la sublimation, pilier le plus culturellement intéressant tout au long de l'existence. À la suite de l'apprentissage de la lecture et de l'écriture, et grâce aux intérêts nouveaux qu'il développe pour le monde extérieur, l'enfant prend un vif intérêt à manier le langage, à aiguiser sa curiosité mais aussi à fantasmer et à rêver : il apprend ainsi de mieux en mieux à protéger son Soi. Le refoulement, mais aussi la rêverie sont de plus en plus utilisés comme des défenses utiles pour s'affirmer et se différencier des autres tout en les respectant. Le développement de la pudeur, du dégoût et des points de vue moraux résulte de la montée en puissance, normale à cet âge, de la formation réactionnelle contre les pulsions. L'ensemble de ces piliers marque peu à peu la formation du caractère.

La période de latence « est ainsi une période très intense d'élaboration mentale, d'enrichissement des fantasmes, ayant son corollaire dans l'enrichissement des systèmes relationnels[15] ». Certains cliniciens aujourd'hui s'inquiètent à juste titre des effets de notre monde contemporain sur le développement des enfants à cette période. L'effacement des limites liées aux difficultés d'autorité, les idéaux de réussite scolaire chez les parents et les enseignants, le surplus d'excitation issue de l'émergence des fantasmes sexuels peuvent, en effet, entraver le développement de ses piliers chez l'enfant.

La résistance adolescente

L'adolescence est l'âge de tous les possibles, y compris l'âge où l'on peut, pour la première fois, s'appuyer sur l'ensemble des forces protectrices dont tout être humain peut disposer.

Face aux potentialités nouvelles que le corps et l'esprit offrent durant cette période de l'existence, on se sent brusquement libre tout en craignant les risques que cette liberté nous procure. L'adolescent sent qu'il doit se protéger contre ses nouvelles pulsions pour poursuivre la route de son Soi. Il doit en explorer les limites. Et cette route passe par la « crise » que tout adolescent traverse.

Par ses caractéristiques propres, la crise d'adolescence montre l'importance de la dynamique qui confronte les désirs et les angoisses d'un côté et les manières de se protéger de l'autre. Beaucoup de comportements adolescents, et parmi eux, certains franchement inquiétants, doivent être compris comme des recherches, encore maladroites, de protection contre l'angoisse ressentie.

» *COMME AVANT*

Certaines de ces défenses n'ont rien de spécifiquement liées à cet âge et poursuivent leur existence de l'enfance jusqu'à la vie adulte : c'est le cas du recours à autrui, du refoulement, du déplacement, ou de l'isolation.

» *COMME AVANT, MAIS AUTREMENT…*

D'autres défenses ne font que se réactualiser en raison des nouveaux enjeux de l'adolescence. Elles ressurgissent face à la réactivation des conflits infantiles – par exemple, les pulsions de vie ou de mort, les processus de séparation-individuation, l'œdipe. On voit alors réapparaître les modalités défensives utilisées au cours de l'enfance, l'adolescent utilisant et déployant alors préférentiellement des défenses déjà utilisées durant son enfance, mais en les adaptant à ce qu'il vit :

– *L'identification* : elle se fait désormais non seulement aux adultes mais aussi pour beaucoup aux pairs ; c'est elle qui permet de ne pas se sentir seul face aux problèmes rencontrés puisqu'ils sont partagés avec ceux de son âge.
– *L'affirmation de soi* : elle constitue, avec le désir d'originalité, la caractéristique centrale de la crise d'adolescence telle qu'elle a été définie en 1936 par Maurice Debesse[16]. Il s'agit à la fois d'un mouvement naturel à cet âge et d'un moyen de se protéger contre la crainte de ne pas être capable d'assumer ses choix, de supporter les contraintes, de vivre ses potentialités nouvelles, à la fois désirées et craintes.
– *La sublimation* : en tenant un journal intime, en adhérant à une association humanitaire, à un groupement religieux ou un parti politique, l'adolescent tente de se dégager des tensions qui l'habitent, des négociations internes qu'il doit faire avec ses instances idéales et son besoin d'être reconnu par les autres ou son narcissisme.
– *Le passage à l'acte* : confronté à ses angoisses, un adolescent préfère, et de loin, agir et même passer à l'acte plutôt qu'écouter, réfléchir et prendre son temps avec ses parents. Si la mise en acte protège l'adolescent du conflit intériorisé et de la souffrance psychique, elle est parfois si importante qu'elle occupe tout le champ comportemental. Elle atteint son maximum dans le tableau de la psychopathie. L'incessante répétition des passages à l'acte entrave alors toute possibilité de maturation progressive. L'adolescence est aussi l'âge de la recherche de sensations et surtout d'expériences à risque. À cette période de sa vie, un jeune a du mal à recourir à autrui et à consulter ses aînés pour obtenir les informations

qui lui manquent. Cette caractéristique explique pour une grande part sa propension à développer des conduites à risque derrière lesquelles on retrouve également le retournement de l'agressivité contre soi.

– *La somatisation* : la propension à utiliser son corps pour exprimer son angoisse ou s'en défendre est une autre caractéristique de l'adolescence. Par rapport à l'enfance, elle exprime l'inquiétude non pas tant d'aller à l'école ou d'avoir peur de se faire gronder mais celle des transformations corporelles, des difficultés d'assumer son corps aux yeux des autres et à ses propres yeux. Cela peut aller jusqu'à des manifestations hystériques ou à des dysmorphophobies sur telle ou telle partie de son corps. Les phobies corporelles prennent des formes plus variées, plus complexes et plus tenaces. Derrière les symptômes hystériques, on rencontre l'expression par le corps de l'angoisse ; devant les phobies corporelles, on retrouve l'inhibition, le déplacement et la projection.

– *Le clivage et les mécanismes associés* : à l'adolescence réapparaisssent des mécanismes apparus précocement, souvent abandonnés lors du conflit œdipien pour des mécanismes défensifs plus adaptés comme le refoulement. C'est le cas notamment du clivage. Son utilisation a pour but de protéger l'adolescent de son ambivalence face aux images parentales. Pour Donald Meltzer, « le trouble central à l'adolescence est celui qui résulte de la confusion d'identité due à la ré-émergence du violent clivage du *Self*... Ce mécanisme se déploie à la puberté pour faire face à la marée montante des désirs génitaux dans toutes leurs formes infantiles polymorphes et perverses encore peu modifiées par le Self adulte et par l'identification introjective[17] ». Le clivage s'illustre par les brusques passages d'un extrême à l'autre, d'une opinion à une autre, d'un idéal à un autre. On l'observe dans les comportements à l'évidence contradictoires de l'adolescent, contradiction qu'il ne semble pas percevoir ou dont il ne s'inquiète pas. Ainsi, tel adolescent qui réclame bruyamment son indépendance (pour sortir le soir, partir en vacances) voudra être accompagné par ses parents pour d'autres activités en apparence banales : chercher un document pour ses cours, acheter une paire de chaussures, téléphoner au réparateur de sa console de jeux, etc. Ces brusques changements, ces contradictions sont d'autant plus incompréhensibles en apparence, que l'adolescent tient un discours souvent intransigeant. Associés au clivage, d'autres mécanismes défensifs de type archaïque s'observent souvent comme l'identification projective déjà évoquée à travers la brusque et massive adhésion à des systèmes d'idéaux sans nuances ; l'idéalisation primitive marquée par des choix d'objets totalement irréalistes et inaccessibles ou par un Moi idéal mégalomane ; enfin, la projection persécutrice qui se traduit par le sentiment d'un monde hostile et dangereux dont il faut se défendre pour survivre.

L'activation de ces mécanismes défensifs de la petite enfance est en partie responsable de l'aspect si particulier des relations que l'adolescent établit avec son entourage. Leur présence fréquente a même conduit certains spécialistes comme Joseph Masterson[18] à comparer cette crise à un « état limite » transitoire – on y observe, en effet, les mêmes mécanismes défensifs de prédilection rencontrés chez les personnalités adultes *borderline*.

» *LES DÉFENSES PLUS SPÉCIFIQUES AUX ADOLESCENTS*

Certaines défenses semblent plus spécifiques de cette période de la vie, comme l'a proposé Anna Freud. Il s'agit de trois défenses typiques de l'adolescence : l'intransigeance (l'adolescent devient un petit tyran), l'ascétisme (qui peut conduire à l'anorexie mentale), l'intellectualisation, caractéristique de cet âge, et qui tourne parfois à la rationalisation. La régression à cet âge pose un problème particulier.

– *L'intransigeance* accompagne souvent les deux mécanismes précédents. La recrudescence des pulsions sexuelles et agressives suscite la crainte de débordement qui amène l'adolescent à contrôler ce qu'il ressent par un désir de certitude, de totale satisfaction ou de total rejet de tout ce qu'il vit. Le refus de transiger, d'attendre, de négocier, de débattre en est la manifestation la plus apparente. Tout renoncement est une blessure à l'image de soi. Il faut bien comprendre ici que cette défense n'est qu'une protection de façade contre un manque cruel de confiance en soi et une vraie difficulté à supporter les limites et les contraintes de la réalité. Les parents, les adultes plus largement, peuvent contourner ce mécanisme parfois exaspérant en permettant à leur enfant de comprendre la différence entre ténacité et intransigeance et en lui apprenant les bienfaits de la négociation et du contrat.
– *L'ascétisme* est un mécanisme défensif pour mieux contrôler les pulsions et les désirs du corps et de l'esprit. L'ascétisme corporel se manifeste chez des adolescents qui s'imposent des tâches ou des restrictions physiques plus ou moins draconiennes : faire un nombre de

kilomètres quotidiens de cross, s'interdire telle nourriture, ne pas se vêtir chaudement, braver les intempéries, refuser tout bien-être corporel... On perçoit aisément, derrière cet ascétisme, la tentative de contrôler ses désirs sexuels, en particulier ses pulsions masturbatoires – même si l'évolution culturelle a atténué en grande partie la culpabilité liée à cette pratique. L'ascétisme de l'esprit, lui, s'observe chez ces jeunes qui se plongent dans une vie particulièrement austère au nom d'une idéologie ou d'un mysticisme qui, seuls, semblent donner un sens à leur vie. Tous les plaisirs que la majorité des ados de leur âge craignent mais recherchent, tous les conflits intérieurs qu'ils supposent, tous les compromis qu'ils nécessitent sont ainsi mis à l'écart. L'intellectualisation de la vie y est souvent associée et domine leur relation au monde. L'exemple historique le plus illustre est peut-être celui de Blaise Pascal qui, après avoir montré une intelligence exceptionnelle, se plonge au tout début de sa vie d'adulte dans un renoncement mystique aux joies et aux plaisirs auxquels son âge et son génie auraient pu le conduire. Comme le rappelle Roger-Pol Droit, « on ne connaît à Pascal [...] aucune liaison amoureuse. Personne ne sait s'il eut des relations sexuelles, avec une femme ou un homme. La probabilité paraît faible[19] ». Dans les conduites anorexiques on est confronté à l'ascétisme, l'intransigeance, l'idéalisation ou la dénégation (de la maigreur).

– *L'intellectualisation* est un mécanisme défensif du Moi largement utilisé à l'adolescence pour mieux contrôler ses pulsions par la pensée. Chacun connaît ces adolescents qui passent des heures interminables en discussion, en reconstruction du monde. L'adhésion massive, immédiate, sans nuance, à des théories philosophiques ou politiques en est un bon exemple.

– Une question se pose par rapport aux conduites de l'adolescence qui paraissent infantiles et, donc, régressives. Cette régression est-elle de nature défensive ou constitue-t-elle une part intégrante du développement au cours de cette période de l'existence ? En lisant les études scientifiques, on a parfois le sentiment que tous les symptômes adolescents, depuis la boulimie jusqu'à la dépendance affective, pourraient presque s'expliquer ainsi. Il est vrai qu'il est souvent facile en clinique de l'adolescence de discerner par exemple une résurgence frappante du drame œdipien.

> Lorsque telle jeune fille me parle de son conflit avec sa mère à propos de ses petits amis qui ont tous pour caractéristique d'être des « paumés » et que, au cours de la même séance, elle me dit qu'elle veut devenir éducatrice pour délinquants et m'avoue que son père a failli mal tourner mais que, heureusement, il a rencontré sa mère, la tentation est grande de lui rappeler la pièce de Sophocle… Que se passerait-il si nous faisions une interprétation de ce type ? Lui permettrions-nous un mouvement identificatoire positif à sa mère que son ambivalence œdipienne lui interdit ? L'amènerions-nous à régresser vers des émois infantiles dont, par son projet professionnel d'éducatrice spécialisée, elle se défend sur un mode sublimatoire en transformant son désir de rapprochement avec son père en une activité valorisée socialement ?

En réalité, dans la pratique, il est rare que les conduites d'un adolescent se cantonnent à l'un ou l'autre registre : elles participent généralement de ces différents niveaux. Cette gamme très étendue de manifestations défensives peut être comprise comme une étape supplémentaire dans l'apprentissage, entamé dès les premiers jours de vie, des diverses possibilités défensives dont dispose le Moi. Ce sont elles qui, souvent, sont à l'origine de comportements qui peuvent nous déconcerter ou nous irriter : l'attitude de défi systématique vis-à-vis de soi-même ou des autres, le déni de la réalité lorsque celle-ci devient trop contraignante ou angoissante et même les petits délits pratiqués pour répondre aux besoins d'affirmation de soi, de transgression, d'expression de son agressivité et de passage à l'acte. En même temps, et ce n'est pas l'un des moindres paradoxes de l'adolescence, la générosité et l'altruisme sont toujours prêts à s'exprimer à cet âge. De toute façon, il est clair qu'il existe une corrélation significative entre un niveau d'adaptation satisfaisant et une utilisation préférentielle des piliers protecteurs les plus pertinents. L'intérêt de favoriser leur utilisation à cet âge n'est plus à prouver[20].

Contrairement à ce que l'on a tendance à penser, les adolescents se confrontent et nous confrontent, dans leurs conduites, leurs discours et leurs modes de communication, beaucoup plus à leurs piliers défensifs qu'à leurs pulsions.

DEUXIÈME PARTIE

UTILISER TOUTES NOS RESSOURCES DANS LA VIE COURANTE

Chapitre 7

BIEN VIVRE AVEC LES AUTRES

Les différents piliers protecteurs, dont nous avons vu la diversité et les particularités, nous sont précieux dans la vie courante, qu'elle soit privée ou professionnelle. Le plus souvent, ces ressources qu'on pourrait qualifier de normales s'exercent tout naturellement dans les relations humaines. L'humour, la mise à l'écart provisoire des difficultés pour ne pas les renforcer, le recours à autrui lorsqu'on est dans l'embarras sont des moyens que nous employons volontiers, sans y penser, et qui nous permettent de vivre les uns avec les autres sans trop de problèmes. Ils interviennent dans notre quotidien de façon ponctuelle, sous forme de mesures défensives plus que de véritables mécanismes de défense, c'est-à-dire sans impliquer l'activation d'une machinerie mentale lourde. On pourrait ainsi en donner une définition différente[1] :

– Les mesures protectrices correspondent à des formes d'activités qui peuvent s'exprimer normalement mais qui, dans certaines circonstances, peuvent être employées à des fins défensives. Par exemple, nous voyons bien que l'humour est une modalité d'expression dans la vie courante qui n'a pas forcément de fonction défensive, mais elle peut, souvent, répondre à cet objectif.

- En revanche, les véritables mécanismes de défense constituent des stratégies utilisées inconsciemment de façon raisonnée et développées uniquement pour se protéger et bien vivre avec les autres. La formation réactionnelle, le refoulement ou le déni sont toujours d'authentiques mécanismes de défense : ils constituent des stratégies élaborées, développées dans un but protecteur et employées spécifiquement à cette fin. C'est la différence entre l'arme à feu qui n'existe qu'en tant qu'arme et la poêle à frire qui peut certes servir à assommer un cambrioleur, mais dont ce n'est pas la seule vocation. Mais, qu'il s'agisse de mesures protectrices ou de mécanismes uniquement de défense, des critères existent qui permettent de mesurer leur utilité dans notre vie quotidienne. Le principal est sans aucun doute leur pouvoir adaptatif[2] et protecteur pour vivre pleinement son existence et respecter celle des autres.

Savoir se protéger correctement, c'est, en effet, utiliser des forces qui nous permettent de nous « adapter » à notre environnement, c'est-à-dire qui ont, plus précisément, pour propriétés de :

- *Favoriser la cohérence et l'harmonie de notre vie psychique face au monde qui nous entoure.* Apaiser une colère qui nous déborderait en l'exprimant de telle façon qu'elle réduit la douleur profonde qui nous habite, mais ne suscite pas, par son excès, une mauvaise image de nous-mêmes aux yeux des autres, en est un exemple. Ce moyen permet de laisser s'écouler le flot d'émotions ou de sentiments qui, autrement, nous submergerait, tout en le modérant.

- *Nous inscrire dans une perspective temporelle durable* : l'anticipation, à ce titre, est plus « adaptative » qu'un passage à l'acte impulsif qui ne prend pas suffisamment en compte l'autre.
- *Nous fournir une réponse aussi précise que possible.* Fuir est ainsi un comportement général ; déplacer le problème, isoler ses pensées de ses émotions ou même nier activement une difficulté est beaucoup plus spécifique. Au fond, la métaphore qui doit nous guider ici est celle de la clé qui s'ajuste parfaitement à la gorge d'une serrure, comparée au marteau sur la porte qui annonce notre arrivée.
- *Nous rendre satisfaits et agréables* plutôt qu'irritants et pénibles.
- *Écarter l'angoisse ou le déplaisir* que nous éprouvions sans conséquences négatives pour nous et notre entourage.

À l'inverse, si les moyens utilisés pour se défendre entraînent des conséquences néfastes, mobilisent beaucoup d'énergie et sont maintenus au prix d'un grand effort, on parlera plutôt d'échec. Nous allons maintenant parcourir ceux que nous avons plus volontiers rencontrés selon des situations habituelles de la vie quotidienne.

En société

Chacun d'entre nous a parfois besoin de se retrouver seul, mais on sait combien une solitude prolongée représente une des souffrances humaines les plus douloureuses. Protéger son Soi n'est donc pas se replier sur soi-même mais savoir vivre avec les autres, savoir donner et recevoir. Le sujet humain est un sujet social.

La bonne distance et les bonnes limites

Vivre en société, c'est principalement savoir établir de « bonnes distances », flexibles et adaptables, avec les autres. Chacun de nous est confronté à deux menaces : la trop forte dépendance ou, à l'inverse, la trop grande indifférence. Se protéger à ce niveau implique de comprendre que mettre des limites raisonnables – ni trop, ni trop peu – est une nécessité vitale. Poser une démarcation nette permet, en effet, de s'affirmer et de rester soi-même dans un monde qui peut être, volontairement ou involontairement, insensible à nos désirs et nos soucis. Cela permet aussi de préserver ce monde interne que composent nos pensées, nos croyances, nos sentiments, nos choix, notre volonté, nos fantasmes. La bonne distance, instaurée entre soi et l'autre, garantit le respect de notre intimité, en même temps qu'elle assure celle de l'autre, quelles que soient nos différences. Nos expériences de vie doivent nous apprendre non seulement à dire « oui » ou « non », à être authentique, mais que ce « oui » et ce « non » peuvent être différents du « oui » et du « non » de l'autre. L'affirmation de soi est incontestablement l'une de nos meilleures forces intérieures ; elle nous fait, par exemple, aimer le débat sans tomber dans la polémique systématique. Le débat nécessite une argumentation qui repose plus sur la réflexion que sur l'émotion. C'est la complexité même des questions soulevées qui est illustrée par les divergences de points de vue. L'inverse se passe dans la polémique, quand l'émotion l'emporte sur la réflexion. Le désir de montrer que l'on a raison face à son interlocuteur se transforme facilement en agression, en manipulation ou en attitude sectaire. À côté de l'affirmation de soi, on retrouve, dans le débat, une autre excellente force protectrice : la sublimation, alors que, dans la polémique, ce sera la projection, qui peut être dangereuse. Avoir confiance en sa capacité à se poser des questions, connaître les limites de nos connaissances et pouvoir prendre en compte celles des autres favorise l'estime que nous avons pour nous-mêmes et pour les autres.

Nous pouvons aussi nous appuyer sur d'autres piliers protecteurs, ceux qui nous protègent, mais en nous obligeant à prendre sur nous-mêmes. Je veux parler de la séduction, de la dépréciation de soi cherchant à susciter l'intérêt de l'autre, du retournement contre soi pour donner raison à l'autre, du pseudo-altruisme, de l'identification à son agresseur ou encore de l'idéalisation de soi.

Dorothée constate qu'elle a de nouveau tendance à s'isoler socialement. C'est un sentiment désagréable qu'elle a déjà plusieurs fois éprouvé. Elle sait depuis longtemps, depuis l'enfance en fait, qu'elle passe pour une fille secrète, presque sauvage. Et c'est vrai qu'elle a tendance à garder pour elle ce qu'elle ressent et ce qu'elle pense. En cela, elle ressemble à son père. Et pourtant, ce qu'elle a pu elle-même souffrir de la distance qu'il mettait entre lui et les autres ! Elle en a souffert, mais elle est bien obligée

de reconnaître qu'elle aussi a ce trait de caractère... De temps en temps, pourtant, elle est capable de s'ouvrir, de s'épancher. En général, cela se produit avec une personne, une seule et unique personne, avec qui elle noue une relation quasi exclusive. Trouver sa place dans un groupe d'amis, elle n'y est jamais parvenue. Elle se souvient avoir essayé, adolescente, de s'intégrer à un groupe de copains très extravertis. Elle voulait leur ressembler, être comme eux : elle n'y est jamais arrivée. Ensuite, elle est devenue très dépendante d'une camarade, qui est devenue sa meilleure amie : elle n'avait qu'une crainte, permanente, presque obsessionnelle : qu'elle l'abandonne.

Elle prend conscience que ce mur qu'elle dresse le plus souvent entre elle et les autres donne une fausse image de la personne qu'elle est, d'une fille timide et parfois même indifférente aux autres – les psychologues parleraient de « personnalité comme si[3] ». Cette fausse image la gêne, mais, en même temps, l'arrange. Elle la gêne parce qu'elle aimerait que les autres la connaissent mieux et l'estiment plus justement, avec ses qualités réelles et ses vrais défauts ; elle l'arrange parce qu'elle lui donne le sentiment de contrôler et même de dominer les autres, vu qu'ils ne savent pas ce qu'elle pense et ce qu'elle veut. Pourtant, aujourd'hui, Dorothée veut changer et elle le veut d'autant plus qu'elle a décidé de donner la priorité à sa vie sentimentale. Si elle a eu quelques histoires avec des garçons, elle n'est jamais tombée amoureuse. Comme si, là aussi, elle ne pouvait pas trouver la distance adéquate. Sa difficulté à recevoir de l'amour et à en donner lui pèse, et elle est bien décidée à y remédier.

Dorothée a l'intelligence de comprendre que sa relation à autrui, que ce soit sur un plan social ou sur un plan sentimental, lui fait du tort. Elle fait aussi le lien avec le sentiment qu'elle a toujours eu de pas être aimée de son père, de ne pas l'intéresser ; ce faisant, elle sait aussi qu'elle s'identifie à lui. En fait, avec les autres, quels qu'ils soient, elle cherche à se protéger contre le sentiment d'abandon et le manque d'amour qu'elle a d'abord éprouvés dans sa famille. Elle me rappelle la patiente que Donald Winnicott a désignée sous le nom de *caretaker Self* : cette femme suivie par le célèbre psychanalyste présentait un « faux self prenant soin », un faux self très réussi, car les autres ne se doutaient pas de ses profondes angoisses, mais qui avait constamment l'impression de pas encore avoir commencé à exister, de vivre faussement et dans la futilité[4]. Dorothée sait qu'elle a tendance soit à s'isoler et dresser un mur entre elle et les autres, soit, à l'inverse, à verser dans une dépendance excessive – dans ce cas-là, elle est prête à tout pour plaire et être acceptée, même à renoncer à son propre point de vue et à son authenticité. Le faux Self qu'elle porte en elle vient de là : c'est lui qui renvoie cette image qu'elle n'est pas. Au fond, cette jeune femme ne savait pas exprimer ce qu'elle voulait et ce qu'elle ressentait de façon simple et authentique. Elle ne croyait pas que, selon les circonstances, elle avait le droit d'être tendre ou forte, conciliante ou affirmée. Craignant les effets que ses propos pourraient avoir, elle avait du mal à rencontrer les autres et à discuter avec eux dans un esprit d'ouverture et de découverte mutuelles. Tout cela, elle n'en veut plus.

Pamela étudie la sociologie dans le but, dit-elle, d'aider les autres. Elle a conscience que cette aide a des limites et ceci d'autant mieux que ses cours de sociologie lui ont permis d'identifier en elle un mouvement qu'elle connaît très bien et qu'elle essaie de garder secrètement caché : sa tendance à attribuer à autrui l'agressivité et les mauvaises pensées qu'elle-même nourrit à l'égard des autres. Dans ses souvenirs, cela a commencé à l'adolescence, à l'époque où sa sœur aînée prenait ses affaires sans jamais lui demander la permission. Elle en devenait folle de colère, mais ne disait rien, ne se révoltait jamais : elle avait trop peur que sa mère, qui

lui préférait sa sœur, pensait-elle, ne l'aime plus du tout. « Peut-être est-ce aussi à cause de cela que je me retrouve très souvent impliquée dans des relations avec des gens qui, en fin de compte, me blessent ou ne sont pas bons pour moi », ajoute-elle avec lucidité.

Au moment où je rencontre Dorothée et Pamela, l'une et l'autre s'appuient sur cette ressource que constitue l'auto-observation. C'est ainsi d'ailleurs qu'elles ont pris, l'une comme l'autre, conscience qu'une bonne distance est nécessaire pour avoir de bonnes relations avec les autres et s'épanouir socialement. Pour amuser Dorothée et Pamela et leur montrer que l'humour est une force intérieure précieuse, qu'elles pourraient gagner à développer, je leur raconte la plaisanterie que j'ai déjà citée comme exemple d'une manière réussie de comprendre les autres et leur compléxité : « Question : Quelle différence y a-t-il entre un diplomate, un militaire et une jolie femme ? Réponse : Quand un diplomate dit oui, cela veut dire peut-être ; quand un diplomate dit peut-être, cela veut dire non ; quand un diplomate dit non, ce n'est pas un diplomate. Quand un militaire dit oui, cela veut dire oui ; quand un militaire dit non, cela veut dire non ; quand un militaire dit peut-être, ce n'est pas un militaire. Quand une jolie femme dit non, elle veut dire peut-être ; quand une jolie femme dit peut-être, c'est oui ; quand une jolie femme dit oui, ce n'est pas une femme... » La relation à l'autre peut parfois être subtile !

Dans la vie, mieux vaut toujours être soi-même et avoir suffisamment confiance en soi et dans les autres. On peut être déçu mais c'est plus simple et plus utile pour avancer. Avoir des difficultés à demander ce qu'on veut et ce dont on a besoin, sentir que son bonheur dépend uniquement d'autrui, considérer qu'il est mauvais d'être différent des autres, vouloir par trop les séduire ou, au contraire, s'en protéger en s'isolant, c'est nécessairement prendre le risque de mettre en danger son intimité et celle des autres. À l'inverse, ceux qui pensent qu'ils n'ont aucun problème avec les autres n'ont pas nécessairement conscience des limites dont tout un chacun a besoin, ce qui n'est pas mieux.

Pour que les limites entre soi et l'autre soient saines, je pense qu'il faut savoir :

- faire preuve de flexibilité, ce qui n'exclut pas la fermeté ;
- ne pas fonctionner en tout ou rien ;
- accepter ponctuellement de se sentir coupable ou d'être anxieux à cause des autres ;
- se confier aux autres ou recevoir leurs confidences quand cela semble désirable et approprié ;
- être clair avec soi-même et ne pas avoir peur de se montrer tel qu'on est aux yeux des autres ;
- ne pas être dans le faux-semblant ou masquer excessivement ce que l'on ressent et ce que l'on pense.

Ces limites saines s'appuient sur les forces intérieures qui sont de bons piliers protecteurs : l'auto-observation, l'affirmation de soi, l'anticipation, la sublimation, la capacité d'échanger avec l'autre, l'humour.

Être trop dépendant ou, à l'inverse, se blinder face aux autres impliquera de :

- faire preuve de rigidité dans ses relations avec les autres ;
- fonctionner très souvent en tout ou rien ;
- se sentir souvent coupable ou anxieux par rapport à ce que pourraient penser et sentir les autres ;

– être secret, refuser de se confier ou de recevoir des confidences ;
– ne pas être spontané et calculer systématiquement ce qu'il faut dire ou ne pas dire ;
– fonctionner en faux Self, c'est-à-dire masquer ce que l'on ressent et ce que l'on pense en donnant le sentiment d'être inauthentique.

Les piliers protecteurs qui renvoient à une dépendance ou à un blindage sont ceux qui obligent à prendre sur soi ou qui nous servent en dernier recours – la formation réactionnelle, l'isolation, la fuite, la dépréciation ou l'idéalisation excessive de soi, le retrait dans la rêverie, le clivage, la projection ou encore le déni.

Les stratégies de groupe

Les modalités relationnelles que nous venons d'exposer sur le plan individuel fonctionnent également entre groupes humains et même entre nations. La construction de barrières de plus en plus infranchissables en raison de sentiments haineux, de frontières strictement imperméables, l'instauration de blocus infranchissables en sont malheureusement de remarquables illustrations. Mon propos n'est pas de développer ici cet aspect ; les sociologues et les historiens s'en chargent fort bien, explicitant les stratégies qui ont été choisies et celles qui auraient pu être choisies. Simplement, on peut souligner que les groupes humains peuvent parfois fonctionner, pour le meilleur comme pour le pire, avec des stratégies défensives retrouvées habituellement chez chaque être humain, à l'échelle individuelle. Inversement, des stratégies collectives influencent sûrement les modalités de défense personnelles, là aussi pour le meilleur et pour le pire.

En famille

Ce que je viens de dire à propos de la manière dont nous utilisons nos forces intérieures pour vivre en société s'applique bien évidemment aussi à notre vie familiale. Comment, dans ce domaine, plaçons-nous l'intérêt de bien connaître et d'utiliser au mieux toute la gamme de nos ressources protectrices ? Véritables filtres entre notre intimité et le monde, ces ressources nous défendent contre nos chimères et nos angoisses, elles nous permettent de devenir l'artiste de notre propre existence et nous apprennent à remplacer le narcissisme du « je » par une relation de « jeu » agréable avec les autres. Elles font naître un entre-deux, un monde intermédiaire où soi et l'autre se reconnaissent mutuellement. En famille, elles nous permettent de trouver la bonne distance et de placer les bonnes limites.

> Des parents, enseignants l'un et l'autre, viennent me demander conseil parce qu'ils traversent une crise. « Rien ne va plus chez nous, me disent-ils. Nous n'arrêtons pas de nous disputer. » Le père m'explique que leur fils risque à nouveau d'être renvoyé de son école. Cela fait deux ans qu'ils ont des problèmes avec lui. Depuis son entrée en 4ᵉ, en fait. Il ne travaille plus du tout et paraît totalement démotivé. L'année dernière, à la fin de sa 3ᵉ, ils ont décidé de le placer en internat. L'atmosphère à la maison était devenue irrespirable.
>
> Ces parents sont très inquiets, mais ils ont des points de vue opposés sur la situation. Le père se sent disqualifié, y compris par son épouse qui

lui reproche son attitude trop stricte. À ses yeux à lui, c'est elle qui se trompe : elle ne voit pas que leur fils les manipule et qu'il a besoin qu'on lui rappelle fermement et régulièrement les contraintes de la réalité. La mère se reproche d'avoir été trop proche de son fils en raison de sa propre enfance à elle où elle n'avait pas ressenti l'affection qu'elle attendait. L'opposition qui se manifeste entre cet homme et cette femme à l'occasion des difficultés scolaires du fils est depuis longtemps alimentée par la présence des grands-parents paternels dans le même immeuble. Ces derniers sont très présents. Trop, selon la mère qui se reproche tout de même d'avoir trop couvé et gâté son garçon quand il était plus jeune. Dans le constat « rien ne va plus chez nous », le père inclut les problèmes qui se posent avec ses propres parents. Le placement en internat a été une manière de prévenir l'éclatement de toute la famille. Vu ainsi, le fils, s'il est le déclencheur de la crise est aussi le symptôme d'un problème familial qui le dépasse.

Quelques mois plus tard, force est de constater que la mise à l'écart du garçon n'a pas eu les effets escomptés. La crise est toujours là, et le risque d'explosion aussi fort. La famille s'est coupée en deux, chaque parent défendant son camp, celui des bons contre celui des méchants, et renvoyant à l'autre les critiques qui lui sont faites. Clivage et projection, dirait le psy…

La situation se dégradant de jour en jour, si je les en crois, je propose un accompagnement aux deux parents qui l'acceptent avec soulagement. De toute évidence, ce sont des gens qui savent recourir à autrui ; leur présence me le prouve : parler devant un tiers leur est utile. Mon travail sera de les aider à utiliser des moyens de défense plus variés et plus efficaces. Je vais ainsi leur proposer de s'auto-observer régulièrement, d'essayer d'aborder leur dispute avec un minimum d'humour, de se retrouver autour d'activités sublimées – ils aiment beaucoup lire, voyager et découvrir de nouveaux pays. Je vais les accompagner afin qu'ils aient de moins en moins recours à ces défenses justement de dernier recours, clivage et projection en tête, dont ils font un usage abusif.

La vie de famille repose sur la tendresse, la compréhension et le soin – la préoccupation et le dévouement sont même des valeurs éminemment familiales. En cas de difficultés, qui ne souhaiterait en parler à ses parents ou à des frères et sœurs avec qui il s'entend ? La capacité de recours à autrui prend ici une ampleur particulière, en raison du lien familial et de l'identification possible à un proche de la même famille. Cette manière de se protéger par l'identification a même été culturellement organisée quand les mères confiaient, non pas au père, mais à l'oncle maternel, le rôle d'initiateur et d'éducateur. Il est intéressant de noter que cette force intérieure que représente l'identification aux parents ou aux frères et sœurs semble plus nécessaire aux garçons qu'aux filles, aux hommes qu'aux femmes. On a montré par exemple que cette modalité défensive était, chez de jeunes étudiants de sexe masculin, le meilleur prédicteur d'une identité bien construite, en particulier quand elle se faisait au père[5].

L'utilité de l'identification dépend de la personne à qui on s'identifie. J'ai parlé plus haut de Juliette (voir p. 75) à propos de l'altruisme et du risque que pose la dépendance.

Juliette venait systématiquement en aide à ses parents et aux différents membres de sa famille. Comme elle le reconnaissait à 50 ans, bien tard selon elle, elle s'était par trop dévouée à ses frères et sœurs dont elle était l'aînée. Elle expliquait son comportement altruiste par l'exemple de sa mère, dont la vie n'avait été qu'un long sacrifice. S'identifier à cette femme courageuse l'avait aidée à combattre, disait-elle avec recul, le besoin qu'elle avait naturellement de contrôler et de dominer les autres. En fait, comme sa mère, elle manquait beaucoup d'assurance, ce que venait compenser ce besoin de contrôler et de dominer qui la culpabilisait tant. Se dévouer, en revanche, lui donnait une image beaucoup plus positive d'elle-même.

À l'occasion d'un problème de succession consécutif au décès de ses parents, Juliette prend conscience que ses frères et sœurs – plus particulièrement, l'une de ses sœurs – ne sont peut-être pas aussi honnêtes qu'elle le pensait. Elle a encore du mal à l'accepter, car elle n'arrive pas à y croire totalement. Par moments, il lui arrive d'annuler rétroactivement ses mouvements de reproches et ses accès d'indignation, notamment à l'égard de sa sœur, se disant que c'est à cause de son mari qu'elle se conduit ainsi. Elle se rend compte, en m'en parlant, que ce n'est pas vraiment une bonne façon de se défendre contre la colère qu'elle éprouve au fond d'elle-même et qu'elle ferait mieux de chercher autre chose…

Un des terrains de connaissance des différentes manières de faire face en famille serait sûrement d'observer chez les notaires la psychologie familiale. Ils la connaissent particulièrement bien ! Il est dommage qu'à ma connaissance personne jusqu'à maintenant n'y ai pensé.

Sur un plan plus général, plusieurs travaux en psychologie ont montré que les familles où les conflits étaient fréquents et où la dépendance dominait[6] présentaient des scores élevés de défenses « immatures » (régression, projection, clivage). À l'inverse, le constat de cohésion familiale était fortement corrélé à la présence des meilleures forces protectrices comme l'anticipation, l'humour, le recours à autrui ou l'auto-observation.

Autre question d'importance, mais plus délicate : le lien entre le type de défenses utilisées et le statut socio-économique d'une famille ou l'occurrence d'événements de vie éprouvants – la perte de l'un des siens, par exemple. Plusieurs études ont, en effet, établi qu'il semblait exister une corrélation entre un milieu socio-économique défavorisé et l'emploi dans la famille de défenses de « dernier recours ». Quelle est la cause, quelle est la conséquence ? direz-vous.

Difficile de répondre de façon définitive et d'affirmer, comme l'ont pourtant fait certains chercheurs[7], que le niveau socio-économique défavorisé d'une famille est le résultat, et non la cause, de l'utilisation par les adultes de cette famille des manières de se protéger les moins bonnes – agression passive, déni, passage à l'acte impulsif, etc.

Quant aux réactions suite à la disparition d'un être cher, si elles varient, il semble toutefois qu'on observe assez souvent, un besoin de continuer à vivre par la mise à l'écart progressive de l'événement, jusqu'à son refoulement parfois. La famille en tant que groupe peut aussi se défendre par le clivage, une partie souhaitant le plus possible oublier, tandis que l'autre tient à se souvenir. Il semble en aller de même avec tous les grands traumatismes familiaux, qu'il s'agisse d'un accident ou d'une maladie grave, d'un épisode de chômage retentissant sur l'ensemble du groupe ou même de l'incarcération de l'un des membres de la famille.

En couple

Après la lune de miel, période passionnelle où domine l'idéalisation mutuelle des deux amoureux au point d'annihiler les autres réponses possibles et, on pourrait même dire, écrase toute autre réaction possible, viennent souvent les premiers doutes, les premières questions, les premiers conflits. Certains couples sauront faire face ; d'autres n'y parviendront pas, entre autres parce qu'ils ne savent pas s'appuyer sur les bonnes ressources protectrices, celles qui pourraient les protéger et sauver leur couple. La rupture surviendra alors, avec son coût psychique, ses mauvais souvenirs et son ressentiment. Rappelons ce trait d'humour : « Quand un homme et une femme sont mariés, ils ne font plus qu'un. La première difficulté est de décider lequel. » Ou la phrase de Winston Churchill qui, en réponse à Lady Astor qui lui avait déclaré : « Monsieur, si vous étiez mon mari, je vous verserais du poison dans votre verre », répliqua : « Madame, si vous étiez ma femme, je le boirais. »

Passons à une autre question, liée à la précédente, puisqu'elle porte plus largement sur les caractères et leurs incompatibilités : est-il donc préférable, pour qu'un couple fonctionne le mieux et le plus longtemps possible, de privilégier la complémentarité ou, au contraire, l'identité ? En d'autres termes, s'entend-on mieux avec quelqu'un qui nous ressemble, qui possède les mêmes forces intérieures que soi ou, au contraire, avec quelqu'un qui possède des forces intérieures différentes, mais qui nous équilibre ? Par exemple, un couple composé d'un introverti, qui privilégie l'isolation, l'annulation rétroactive ou la formation réactionnelle, et d'une extravertie qui utilise plus volontiers l'affirmation de soi, la séduction ou l'expression par le corps, sera-t-il plus solide et plus heureux que deux introvertis ou deux extravertis ensemble ? Généralement, la complémentarité satisfait mieux chacun. Lorsqu'un couple est en conflit au point qu'il y a risque de rupture ou réelle séparation, l'explication avancée repose souvent sur le constat suivant : « Nous ne nous entendons plus, c'est un problème de caractère » (ou « ils voient la vie tellement différemment... »). Mais que cache en réalité une telle formule ? Prenons, pour mieux la comprendre, l'exemple d'une situation généralement vécue comme une source de grande joie mais aussi de stress : l'arrivée d'un bébé. Comme chacun sait, une naissance modifie la relation de couple. D'où l'idée d'une équipe de chercheurs d'étudier plus précisément le degré de satisfaction des deux membres d'un couple avant et après la naissance de leur bébé[8]. Les résultats de cette étude ont clairement montré une corrélation entre la manière de se protéger dans la vie et la capacité à traverser cette période de transition dans la parentalité. Ainsi les pères qui présentaient des défenses « immatures » (agression passive, projection, déni) avant la naissance de leur bébé manifestaient également davantage d'insatisfaction conjugale quatre semaines et quatre mois après l'arrivée du bébé : l'utilisation très fréquente du déni et de la projection dans leur cas permettait de prédire la future évolution négative de leur couple. Il arrive que des hommes abandonnent la mère de leur enfant quelques mois, voire quelques semaines après l'accouchement et expliquent leur comportement en le rationalisant, objectant par exemple qu'ils n'ont pas désiré cet enfant ou que c'est leur compagne qui a décidé de sa grossesse sans les consulter. Du côté des mères, on pouvait faire le même constat, mais seulement douze mois après, comme si leur vie conjugale dans les premiers temps suivant la naissance du bébé avait plus profité des effets bénéfiques de la maternité que souffert de leur style personnel de défense. En revanche, au fur et à mesure que le bébé grandissait, l'impact du style de défense, observé avant l'accouchement, recommençait à prédominer. Chez ces femmes, c'était la passivité agressive, l'isolation et la dépréciation de soi qui constituaient les prédicteurs significatifs d'une évolution négative du couple. D'un point de vue général, qu'il s'agisse du père ou de la mère, un style de défense plus ou moins immature risque donc de produire, plus ou moins rapidement après la naissance du bébé, des difficultés de couple. Plus intéressant encore, et toujours dans l'idée de répondre à notre préoccupation sur le constat de divergence de caractères (« nous ne nous entendons plus ») qui, souvent, accompagne la rupture d'un couple –, il semblerait bien que le style de défense dominant soit la seule variable qui, comparée à d'autres aspects de la personnalité (traits anxieux, contrôle internalisé ou externalisé, etc.), soit en mesure de prédire un changement de satisfaction conjugale après la naissance d'un enfant[9].

Évidemment, le bonheur d'un couple repose sur de multiples facteurs qui peuvent évoluer dans le temps. De même, il paraît assez évident qu'un couple composé de deux personnes munies d'un style de défense mature saura mieux gérer les conflits et dépasser les crises qu'un couple composé de deux personnes dotées d'un style de défense immature. On rencontre aussi des couples dans lesquels le style de défense immature de l'un est compensé par le style mature de l'autre, mais, dans ce cas, il n'est pas rare d'observer l'épuisement progressif de cet équilibre.

Peut-on dire aujourd'hui quelles sont les meilleures manières de faire face aux différents problèmes que pose la vie de couple ? La mise à l'écart des difficultés lorsqu'elles surgissent, à condition qu'elle ne tourne pas au déni, constitue probablement un des meilleurs piliers défensifs de la vie à deux. En effet, différer légèrement la discussion permet souvent de passer d'une polémique stérile à un débat productif : « en parler plus tard » ne constitue pas une fuite si l'on en parle réellement plus tard... Il ne faut toutefois pas trop attendre, car la mise à l'écart se transformerait alors en évitement. Et quelles sont les plus mauvaises manières ? À nouveau, on retrouve le déni et, pire encore, la projection, qui accompagne souvent une jalousie excessive : ce sont incontestablement les défenses les plus dangereuses pour la vie de couple. Lorsqu'une difficulté surgit – une manière différente d'analyser un problème, un désaccord sur un point éducatif concernant les enfants – une attitude de déni ne fera que renforcer l'incompréhension et l'installer dans le temps. Quant à la projection qui conduit l'un à accuser l'autre des difficultés rencontrées, elle entraîne généralement pour conséquence un fonctionnement en miroir, c'est-à-dire une projection en retour, induisant un phénomène d'escalade des conflits bien connu dans le couple.

Pour résumer, si un couple est constitué de deux personnes s'appuyant sur les mêmes forces intérieures, mais que celles-ci font partie des piliers protecteurs sur lesquels nous pouvons nous appuyer sans risque, on peut penser que le couple en question sera heureux de façon durable et saura dépasser les moments de crise qu'il rencontrera. En revanche, si les défenses des deux partenaires appartiennent aux deux autres groupes, qui sont plus ou moins à risque, mais toujours un peu dangereuses, les risques de dysfonctionnements et de rupture sont à craindre. Heureusement, tous les couples ne sont pas composés de personnes qui se ressemblent de ce point de vue et, très souvent, on rencontre des unions d'hommes et de femmes présentant des manières différentes de se protéger – l'un aura tendance à déplacer les problèmes et l'autre à vouloir en discuter pour pouvoir mieux réfléchir ; l'un songera à recourir à un tiers alors que l'autre préférera se plonger dans une rêverie, un peu passive certes, mais qui l'apaise ; l'un niera la possibilité même du problème à venir, tandis que l'autre se mettra d'emblée à anticiper... L'essentiel, au bout du compte, est que chacun puisse comprendre la façon habituelle qu'a l'autre de réagir face à ce qui l'angoisse, avant de vouloir imposer la sienne propre.

Au travail

S'affirmer face à son patron est-il bon pour la santé ? En partie, oui. Plus précisément, il est sain de dire à son supérieur hiérarchique ce qu'on pense de lui, calmement et clairement. Une étude portant sur 150 cadres supérieurs l'a confirmé[10]. Un premier groupe avait reçu une formation et/ou des commentaires de leurs subordonnés sur la méthode de leur management ; un deuxième groupe n'avait rien reçu. Dans le même temps, on avait demandé à 500 employés de les noter. Les résultats sont « frappants ». Quand les dirigeants recevaient des commentaires de leurs employés, ils étaient plus enclins à modifier leur style de gestion et ils étaient perçus comme plus efficaces. Quant aux employés qui pouvaient être francs avec leur chef, ils évacuaient leur stress. S'affirmer (pour les employés), s'auto-observer avec l'aide des autres (pour les managers) sont d'excellents moyens pour réussir ensemble.

Le monde du travail s'est profondément transformé en une centaine d'années, à la force physique s'est substituée la force mentale. Le monde du travail est passé des cadences de la standardisation tayloriste au management participatif ou à la japonaise des années 1980 jusqu'à l'autocontrôle et aux cercles de qualité pour impliquer les salariés à la réalisation des objectifs de l'entreprise[11]. Liés à cette évolution des organisations, trois « symptômes » majeurs sont apparus chez les cadres[12] :

– *Le déni des changements*. Le risque ici est de négliger les aspects humains, affectifs et relationnels dans la vie économique contemporaine, en leur donnant une place secondaire si ce n'est marginale.

– *L'évitement* de l'engagement personnel dans les petites et les grandes décisions quotidiennes, amenant à des phrases typiques comme : « Je ne suis pas le responsable ; le responsable, c'est... », « Quoique je décide, cela ne changera rien... », etc.
– *La paranoïa*, suscitant des attitudes de méfiance, de mégalomanie et de rejet systématique de toute erreur sur l'autre : « Mon collègue ne cherche qu'à me mettre mal avec tout le monde », « Mon sous-directeur n'est qu'un petit comptable... », « Nos concurrents sont des incapables... », « C'est la faute du marché si... », etc.

Une situation professionnelle comporte clairement deux aspects auxquels chacun doit faire face, qu'il soit dirigeant, cadre ou employé, contremaître ou ouvrier : atteindre des objectifs concrets, dépendant du travail lui-même ; atteindre des objectifs intersubjectifs, dépendant des relations humaines entre collègues ou avec la direction.

Désirs personnels et contraintes professionnelles

Comment faire face, lorsqu'on est invité à se dépasser en permanence et que l'on se sent dans une course d'obstacles dont on déplacerait sans cesse la ligne d'arrivée ? Savoir s'affirmer et dire « non » devient par moments nécessaire. Comment faire face au stress lié à une promotion ou à une modification d'organisation ? Comment passer d'un métier de technicien à un métier de commercial ? Comment passer d'une fonction d'expert à une fonction de management ? Tous ces changements nécessitent de nouvelles connaissances et de nouvelles compétences qu'il faut acquérir. La capacité de recours à autrui, dans laquelle on peut inclure la formation, est un moyen important pour faire face à ces situations nouvelles. De même, il est préférable d'anticiper un changement comme une chance de s'intéresser à de nouveaux domaines, utilisant alors nos ressources de sublimation, que de manifester une passivité agressive à ce qui nous est demandé. Ces situations conduisent à tester nos capacités d'anticiper, de nous affirmer, de savoir accepter de nouvelles exigences, mais aussi de savoir refuser ce dont on ne se sent pas encore capable, surtout si l'on nous demande sans arrêt de nous dépasser. Il s'agit de n'être ni un paillasson ni un hérisson, ni passif ni agressif. L'utilisation de toutes nos forces intérieures et des meilleures manières de nous protéger est ici essentielle. Autrement, le risque de tomber dans la projection ou le déni menace, et de tels moyens ne nous satisferont pas, tôt ou tard.

Gérer les relations humaines

Il suffit de regarder autour de soi pour se rendre compte que nos collègues, nos supérieurs hiérarchiques, nos employés ont des points de vue ou font parfois des choses vraiment bizarres. La plupart de leurs actes sont certes ordinaires ou normaux, mais combien de fois ne nous sommes-nous pas demandé où ils allaient chercher des idées pareilles... Il vaut mieux alors traiter ces situations par l'humour que par le mépris ou l'exaspération.

La projection et le déni se rencontrent aussi dans les relations professionnelles quand on refuse de discuter d'éventuels désaccords ou qu'on n'accepte pas qu'une équipe comporte des personnalités disparates, ayant des expériences différentes et des niveaux d'investissement variés. Le « je ne veux pas le savoir » est une position confortable, mais inefficace, tout comme la projection sur autrui pour expliquer les dysfonctionnements, en évitant de la sorte de s'interroger. L'auto-observation des raisons des conflits permet de sortir des impasses relationnelles. Cela est vrai dans la vie privée comme dans la vie professionnelle. À l'inverse, là aussi, recourir à autrui, s'affirmer en acceptant ou en refusant une demande, mettre à l'écart un problème sans le nier ou bien encore anticiper la situation à venir constituent des réactions utiles, mais différentes.

Savoir travailler avec les autres, savoir travailler pour les autres, savoir faire travailler les autres exige la mobilisation de nos meilleures forces intérieures : savoir recourir à autrui, savoir s'affirmer et savoir agir. Tout autant que dans la vie familiale ou la vie de couple, il est utile de s'auto-observer, bien que très peu de temps y soit généralement consacré. Cela est particulièrement vrai pour les managers qui, comme Éric Albert et Jean-Luc Émery le soulignent, doivent développer leur « capacité à comprendre et analyser le jeu relationnel[13] ».

Dans le monde du travail, dans toutes les situations strictement professionnelles, mais surtout relationnelles à fort potentiel émotionnel, nous devons suivre une démarche qui permet de respecter nos besoins et ceux d'autrui. En quoi consiste cette démarche ? On peut souligner les points suivants retenus par Laurence Saunder[14] :

– *Savoir faire une demande* de façon claire, brève, calme. Le seul risque est de ne rien obtenir, mais c'est à vous de demander, et c'est à l'autre de prendre le risque de refuser.

– *Savoir accepter ou refuser une demande* après avoir pris le temps de l'écouter et de la reformuler pour éviter les malentendus ; en cas de refus, savoir clairement l'exprimer en essayant de terminer par un point de vue positif ou un compromis réaliste.
– *Savoir faire des critiques, mais aussi savoir les accepter* sans redouter excessivement le conflit mais en demandant à la personne à qui vous vous adressez si elle a conscience des dysfonctionnements que vous avez rencontrés et si vous pouvez réfléchir ensemble à des solutions. Cette démarche implique d'identifier le besoin de la personne à qui vous faites une critique ou qui vous fait une critique. Dans ce dernier cas surtout, quand il faut supporter une critique, le meilleur moyen de faire face est de ne pas prendre cette dernière contre soi, mais de considérer que la personne parle d'elle-même et non pas de vous. Ainsi, lorsqu'un supérieur à qui vous demandez un nouveau poste vous répond que « vous n'avez pas le profil », dites-vous bien que ce supérieur parle de son besoin de sécurité. Plutôt que d'être en colère ou de vous sentir coupable, vous pouvez alors lui répondre : « Vous cherchez le profil qui correspond à ce poste ? Est-ce que je peux prendre une demi-heure pour vous parler de mes compétences ? » Une telle manière de faire repose sur un de nos meilleurs piliers protecteurs : l'identification, par laquelle on se met à la place de l'autre.

Les stratégies collectives

Le travail suppose que des personnes coopèrent, qu'elles parviennent à être ensemble et à se comprendre. Il comporte des enjeux personnels et collectifs. Il n'est pas exceptionnel que le déni du facteur humain conduise à des analyses de situation et à des mesures de management trop simplistes, voire franchement erronées. Comme le fait remarquer Christophe Dejours, professeur de psychologie du travail au CNAM, dans les échanges professionnels, y compris dans les instances de discussion et de délibération, on constate fréquemment des distorsions de communication liées aux stratégies collectives de défense mises en place pour se protéger de la souffrance au travail[15]. L'étude menée par une psychologue du travail l'a, par exemple, bien montré à partir des stratégies défensives collectives utilisées par les auxiliaires de puériculture dans une crèche[16] : « Il règne dans cette crèche, note-t-elle, comme une stratégie de l'enjolivement : interdiction tacite d'évoquer certaines dimensions d'activité, d'exprimer son ressenti, particulièrement quand il s'agit de ressentis "négatifs". C'est toute l'activité des auxiliaires (pas seulement leur discours) qui est dominée par cette nécessité d'"enjoliver". On retrouve l'enjolivement dans leurs actes professionnels quotidiens : les auxiliaires se doivent, par exemple, de tranquilliser les parents... Les "défaillances" des collègues sont, elles aussi, gérées en silence... » Dans cette crèche, mais ce n'est qu'un exemple, les problèmes liés au travail sont tus, ils sont dissimulés par les puéricultrices qui en ont fait leur mode collectif de réponse, sans doute dans l'espoir de mieux gérer le stress, l'évaluation ou la pression qui vont avec leur métier aujourd'hui, *via* l'administration qui les emploie ou les parents, de plus en plus nombreux et de plus inquiets, qui leur confient leurs tout jeunes enfants. Or, tout comme les soignants ne devraient pas avoir à choisir entre se préserver eux-mêmes et servir leurs patients, ces femmes ne devraient pas se retrouver à devoir se protéger au détriment de leurs petits pensionnaires, ou l'inverse. Dans leurs différentes façons de réagir en tant que groupe, on reconnaît certains des moyens de défense que nous avons déjà analysés à un niveau individuel : la formation réactionnelle (confrontées au stress et au conflit émotionnel, ces femmes substituent à des pensées et des sentiments difficiles à accepter des pensées et des sentiments qui leur sont opposés), le déni (l'irritation est niée, elle n'existe simplement pas) ou le déplacement (les auxiliaires, quand elles évoquent les problèmes, les déplacent sur leurs collègues). Je précise ici que l'« enjolivement » n'est pas une caractéristique des seuls collectifs féminins : on connaît la fréquence du déni de la peur dans certains métiers typiquement masculins, comme les métiers à risque ou les métiers du bâtiment[17].

De plus en plus souvent, les stratégies collectives mises en place pour se protéger révèlent leur insuffisance, leur inefficacité, quand ce n'est pas leurs effets pervers. Destinées à défendre les travailleurs, on constate dans les faits qu'elles sont devenues sources de malaise et de souffrance. Les médecins ou les psychologues du travail, trop souvent suspectés par les salariés et par les patrons d'ailleurs, sont d'excellents médiateurs pour rendre compte et parfois même dénoncer les mauvaises stratégies dont ils constatent les effets négatifs sur le plan physique et psychique. Chacun a à y gagner. La mise en place progressive et de mieux en mieux acceptée dans de nombreuses entreprises d'observatoires du stress[18] permet à la fois de reconnaître les risques de souffrance individuelle et les facteurs collectifs et organisationnels impliqués pour proposer des mesures préventives plus adaptées. Dans tous les cas, que l'on soit une femme ou un homme, et quel que soit le métier pratiqué, pouvoir prendre du recul et s'épargner une trop grosse charge mentale repose toujours sur une utilisation réfléchie et efficace des forces intérieures dont chacun de nous dispose pour se protéger.

Chapitre 8

VIVRE DES ÉVÉNEMENTS PARTICULIERS DE LA VIE

Nous connaissons tous des situations stressantes qui sont des moments particuliers dans nos vies. Certaines sont agréables, parfois très agréables ; d'autres beaucoup plus douloureuses, mais toutes sont source de tension. C'est cette tension que nous percevons en nous-mêmes, à laquelle nous devons faire face au mieux en puisant dans nos forces intérieures.

La rencontre amoureuse

Qui n'a pas vécu une rencontre amoureuse ? Qui n'a pas alors eu le sentiment d'être transporté ailleurs, de ne plus être le même ? Un « nouveau mode d'être, de sentir, de penser, de communiquer avec les autres[1] » s'ouvre à nous, et pour longtemps espérons-nous. Alors pourquoi devrions-nous puiser dans nos ressources afin de nous protéger ? L'état amoureux lève nos défenses : tout devient possible, nous vivons dans un rêve, même les soucis de la vie quotidienne qui pourraient assombrir le ciel passent au second plan. Pourtant, le destin du passionné est scellé dans son étymologie : le mot passion vient du latin *passio* qui signifie « souffrir ». Jean-Jacques Rousseau présente ainsi l'état passionnel dans *Les Confessions* : « C'était de l'amour dans toute son énergie et dans toutes ses fureurs. Je ne décrirai ni les agitations, ni les frémissements, ni les palpitations, ni les mouvements convulsifs que j'éprouvais continuellement. » Le philosophe Alain ajoutera plus tard : « Il y a du supplice dans la passion. » On a même établi une analogie entre la passion amoureuse et les drogues dures. De fait, l'excès qui dépasse ce qu'un sujet peut normalement assimiler, l'impossibilité de transmettre ce qui se passe tout en désirant le raconter et même la dépendance ne sont jamais loin. L'expérience amoureuse fait effraction dans la vie au-delà de ce que l'on peut normalement maîtriser. Puis viennent le manque et la nostalgie de ce moment qui ne reviendra plus. L'excès de la présence de l'autre se transforme en un excès d'absence.

Dans l'état amoureux, le moyen dont nous disposons pour nous protéger est à la fois étonnant et compréhensible : c'est la mise à l'écart de la réalité. Tous les aspects de la réalité se dérobent en effet et sont transfigurés par la passion, mais, aussi étonnant que cela paraisse, cette mise à l'écart de la réalité est compréhensible, car elle sert à nous protéger contre tout ce qui viendrait remettre en question notre bonheur. L'importance et la puissance de ce mécanisme mental sont à la hauteur de l'intensité du souhait que rien ne vienne perturber notre état. Outre cette mise à l'écart, on rencontre étonnamment aussi chez les amoureux des moyens de protection que nous avons rangés dans les « derniers recours ». L'intensité de l'émoi éprouvé est, en effet, telle qu'il y a, dans l'amour, régression, passage à l'acte impulsif, projection sur ce qui empêche de vivre sa passion, clivage du monde en deux – tout ce qui a à voir avec l'amour d'un côté et tout ce qui lui est extérieur de l'autre. On peut même observer dans l'état amoureux un retournement masochiste contre soi où l'amant prend inconsciemment plaisir à se faire mal en acceptant certains abus de l'autre ou bien, simplement, en imaginant que l'être aimé ne lui rend pas ce qu'il lui donne.

Les séparations

J'ai décrit l'état amoureux dans sa plus forte intensité afin de montrer combien nos piliers protecteurs, même ceux considérés comme les plus archaïques, peuvent aussi s'exprimer dans les moments les plus heureux de la vie. À l'inverse, sauf si elle est fortement désirée, une séparation est rarement vécue comme un événement heureux. Dans toute séparation, en effet, il y a un travail de deuil à effectuer, pour celui qui la subit, mais aussi pour celui qui la décide. Toutefois, hormis ce point commun, il est clair qu'une séparation ne mobilise pas les mêmes ressources protectrices selon que l'on quitte ou que l'on est quitté. Dans le premier cas, pour se soulager d'une éventuelle culpabilité, on pourra chercher des arguments justifiant sa décision, se protéger en imaginant par anticipation les difficultés qu'on aurait rencontrées avec l'autre, intellectualiser et même rationaliser son choix, voire projeter sur l'autre ce qui nous dérangeait profondément. Dans le second cas, quand on subit la séparation, quand on en est victime, on a nécessairement recours à d'autres forces intérieures. On pourra notamment chercher de l'aide et recourir à autrui ; agir et tout faire pour essayer d'éviter cette séparation qu'on ne désire pas, allant même jusqu'à la nier ; on peut encore se replier sur soi et rêver à tout ce qui nous lie à l'autre ; on peut enfin se déprécier et retourner son agressivité contre soi. Les situations de séparation renvoient à des cas de figure très variés et font, en vérité, appel à toutes les ressources dont un être humain dispose. L'histoire de Raphaël nous en offre un exemple.

Raphaël vient de rompre avec sa petite amie, Zoé. Il le regrette déjà, même s'il est en colère contre elle : « Elle est tout le temps là », résume-t-il. Évidemment, il pourrait l'appeler, lui envoyer des messages, l'attendre en bas de chez elle ; il lutte d'ailleurs pour ne pas le faire, mais il a peur aussi. Peur de la voir, car il ne sait pas comment il réagirait. Il préfère ne pas y penser, fuir cette idée, annuler cette pensée. Pourquoi est-il parti ? Il me répond que, peu à peu, il ne s'est plus senti admiré par cette jeune fille dont il était très amoureux.

Raphaël est un jeune homme qui a toujours été très anxieux. Il doute de ses capacités intellectuelles, même s'il a plutôt bien réussi ses études et son entrée dans la vie professionnelle. Il doute aussi de son pouvoir de séduction. Zoé a été sa première histoire d'amour : elle a cinq ans de moins que lui, il en est tout de suite tombé fou amoureux. Ce qui lui a plu chez elle ? Son manque de confiance et son anxiété : il se sentait plus fort, du coup, à ses côtés. Il me dit qu'il a supporté toutes ses angoisses, l'a énormément protégée, lui a passé ses caprices les uns après les autres. Aujourd'hui, et même si c'est injuste, il lui reproche d'avoir pris confiance en elle, de s'être affirmée. Au fond, Zoé ne lui permet plus de se défendre contre ses propres angoisses en le laissant exercer sur elle son autorité et son emprise.

De son côté, Zoé est à la fois en colère et triste. Elle se tourne vers sa meilleure amie qui a connu une expérience similaire. Elle en veut à Raphaël qu'elle trouve égoïste, mais elle sait aussi qu'elle s'est montrée capricieuse et difficile. Par moments, elle se sent sûre d'elle et se dit qu'il ne la mérite pas ; à d'autres, c'est sa peur de le perdre qui l'emporte. Elle se sent coupée en deux, clivée. Si c'est encore trop tôt pour le revoir, elle sait qu'un jour ou l'autre, elle en aura envie.

Le deuil

Le deuil est une expérience universelle que chacun a pu connaître ou connaîtra. Pris dans son vrai sens, il désigne l'état affectif consécutif à la perte d'un être aimé, et non cette perte elle-même. Cet état affectif a une cause, s'exprime par des signes relativement constants, suit une évolution régulière et se trouve surmonté après un certain laps de temps. Il ne viendrait à l'esprit de personne, même si on le souhaite, d'en entraver le déroulement.

On retrouve dans cet état affectif certains des piliers protecteurs dont nous avons parlé plus haut. Ceux-ci nous aident en effet à lutter contre la douleur et la détresse que cette expérience provoque chez l'être humain. Sans qu'on le veuille ou s'en rende compte, certaines des forces protectrices que nous portons en nous se mettent en branle pour nous défendre contre les manifestations pénibles qui accompagnent cette épreuve. Sans doute est-ce pour ne pas être débordé et perdre le contrôle de ses émotions que l'endeuillé fixe ses préoccupations douloureuses sur le disparu, perdant de l'intérêt pour tout ce qui est étranger à ses préoccupations. Ce faisant, il clive sans le vouloir sa vie en deux : une partie poursuit son activité, allant jusqu'à s'occuper des obsèques et de leurs suites ; une autre, en revanche, renonce à tout désir et ne s'occupe plus de rien.

Si le deuil est un état affectif, le travail mental de deuil est, lui, une combinaison de manières destinées à nous protéger contre cet état affectif douloureux[2]. On s'accorde généralement pour observer trois étapes successives à la suite d'une perte :

– *Dans un premier temps*, on cherche à conserver l'illusion que la personne est toujours présente, on nie la disparition et on idéalise le disparu.
– *Dans un deuxième temps*, les faits de la vie quotidienne donnant de façon répétée la preuve que la perte est réelle, l'illusion cède la place à la réalité : la tristesse, le chagrin et les regrets prennent alors le pas. Cela dure un certain temps, un temps d'autant plus long et douloureux que la perte a été brutale. Une personne en deuil manifeste des signes analogues à ceux qu'exprime une personne déprimée : elle se déprécie, devient agressive et projective avec ceux qui ne partagent pas ses sentiments et son point de vue. Au déni et à l'idéalisation du disparu succède la dépréciation de soi et la projection de sa colère sur les autres et parfois même contre le disparu.
– *Enfin, dans un troisième et dernier temps*, lorsque la nostalgie et le souvenir ont remplacé l'illusion, on redevient disponible pour ses activités, pour d'autres désirs ou d'autres activités. Les forces protectrices qu'on utilise habituellement retrouvent leur place et leur utilité. S'éloignant du moment douloureux de la perte, l'endeuillé

peut même, à la différence du déprimé, montrer de l'humour à propos de l'être qu'il aimait et qui n'est plus là. Il peut également sublimer en recherchant et en retrouvant avec plaisir des lettres ou d'autres souvenirs (photos, films) du disparu. Il peut même, comme le fit une de mes consœurs, frappée par la disparition de son mari, relire Marcel Proust qui fournit dans *Albertine disparue* une description du deuil très proche de la présentation clinique que je viens de faire.

La maladie

Le deuil nous offre une remarquable illustration de la manière dont notre Soi peut faire face aux moments difficiles de la vie. La maladie nous en fournit une autre, mais, dans cette situation, ce qui frappe surtout, c'est combien chacun réagit différemment. L'angoisse que la maladie suscite peut, en effet, nous conduire, selon notre personnalité, du déni total à la régression infantile, en passant par la mise à l'écart et le refus d'en parler, le besoin d'agir ou l'activité sublimatoire.

Certains travaux permettent d'en savoir un peu plus sur les stratégies qu'il est préférable d'adopter lorsque notre santé est en jeu. Ainsi, il est apparu dans une étude que, parmi les patients hospitalisés pour une opération chirurgicale, ceux utilisant une stratégie active (participation aux traitements, recherche d'informations sur le déroulement de l'opération et de ses conséquences) avaient moins de complications postopératoires que ceux utilisant une stratégie passive (régression, projection sur le corps médical et les soignants de tout ce qui arrive, fuite ou, plus encore, déni du problème qui est à la source de l'intervention)[3]. Tentant d'établir un lien entre la manière que nous avons de nous protéger habituellement et la survenue de telle ou telle maladie, le psychiatre français Nicolas Dantchev a, lui, étudié une série d'enquêtes menées dans les années 1960 dans différents pays anglo-saxons sur les attitudes, les réactions émotionnelles et les comportements caractéristiques des personnes susceptibles de présenter une maladie coronarienne[4]. Il a découvert, à cette occasion, que les sujets présentant un risque d'infarctus du myocarde deux fois et demie plus élevé que les autres utilisaient préférentiellement l'isolation, mais aussi la mise à l'écart volontaire et excessive des problèmes. Tous les moyens de protection qui sont à notre disposition ne seraient-ils pas équivalents en matière de santé ? Dans tous les cas, une maladie somatique aiguë et sévère inflige un stress psychologique à la personne qui en est porteuse. De même, s'entendre annoncer un diagnostic de maladie chronique implique de devoir se confronter à la perspective d'une vie future moins facile et au risque d'une rechute.

La maladie constituant un véritable challenge pour nos ressources internes, un important projet de recherche a été mené en ce sens, en Allemagne, sur des patients atteints de la maladie de Crohn : le Heildelberg Research Project[5]. La maladie de Crohn est une maladie inflammatoire chronique du système digestif. Elle se caractérise par des crises de douleurs abdominales et des diarrhées qui peuvent durer plusieurs semaines ou plusieurs mois. On a longtemps pensé que le stress pouvait déclencher des crises : la question reste ouverte, encore aujourd'hui. La plupart des personnes atteintes de la maladie de Crohn vivent des périodes de rémission qui peuvent durer plusieurs mois. Les récidives se succèdent de façon assez imprévisible. Il n'existe pas de traitement curatif. L'objectif des médicaments administrés est de contrôler l'inflammation, corriger les insuffisances alimentaires et soulager la douleur, la diarrhée et les autres symptômes.

Le projet de l'équipe de Heidelberg a consisté à étudier sur 60 patients les relations entre les différents états de la maladie et les mécanismes de protection utilisés pendant une durée de trois ans. Les malades étaient vus à trois reprises : au cours d'une phase aiguë, au cours d'une rémission et trois ans après la première observation. Certains étaient vus la première fois au cours d'une phase aiguë qui était leur première atteinte (« nouveaux patients ») et d'autres au cours d'une phase aiguë alors qu'ils avaient déjà présenté des manifestations antérieures. Lors de l'observation de l'accès aigu, deux piliers protecteurs sont apparus comme étant caractéristiques des nouveaux patients et des patients chroniques : le déni pour 75 % des deux groupes réunis, et l'isolation pour 50 % des chroniques. La fréquence importante du déni est probablement liée au stade aigu du trouble – cela est attesté dans d'autres études portant sur d'autres maladies. Durant cette phase aiguë, le déni semble permettre le maintien du fonctionnement nécessaire pour pouvoir se traiter correctement. Vivre depuis un certain temps avec une maladie semble, pour le reste, n'atténuer que modérément la présence du déni en période de phase aiguë.

Autre observation intéressante : on peut constater une relation entre la durée de la phase aiguë et les moyens psychologiques d'y faire face. En effet, plus la phase aiguë dure longtemps, et plus le patient présente un style défensif où dominera le déni. Inversement, plus la phase aiguë sera brève et plus le patient présentera une organisation défensive où dominera l'isolation. Durant la phase aiguë, minimiser la réponse effective à la maladie par un moyen de protection comme l'isolation paraît affecter positivement le déroulement de la maladie, alors que le débordement des capacités de défense, qui mène à la mobilisation des défenses de dernier recours, comme le déni, semble constituer une condition initiale défavorable à la maladie. Au total, l'utilisation de certaines stratégies défensives au détriment de certaines autres paraît bien avoir le pouvoir d'affecter directement, en bien ou en mal, notre santé.

Égaux, mais différents

Chez chacun de nous, l'utilisation des défenses s'accroît en situation de stress. Ces moments particuliers, heureux ou malheureux, suscitent des comportements et des pensées pour une part semblables et, pour une part, différents. Pourquoi ? L'une des explications repose sur la manière personnelle dont nous utilisons les forces intérieures qui nous protègent contre les débordements émotionnels, agréables ou désagréables. Sans aller jusqu'à croire que nous pourrons toujours les contrôler aussi efficacement que nous le souhaiterions, la prise de conscience de la manière dont nous nous protégeons face à ces événements de vie nous permet incontestablement de mieux les vivre.

Chapitre 9

DES PETITES AUX GRANDES FOLIES

Après avoir parcouru quelques situations particulières de la vie – certaines heureuses, d'autres malheureuses – qui nous amènent à puiser au fond de nous-mêmes, interrogeons-nous sur la manière dont nous pouvons faire face à des angoisses plus lourdes, liées à la personne que nous sommes. Les chants humains ont toujours accompagné les moments joyeux ou douloureux de l'existence. Leurs compositeurs les ont sans doute écrits dans ce but, d'ailleurs. Ces mélodies et les paroles qui les accompagnent cherchent toujours à apaiser ceux qui les écoutent. Dans les pages qui suivent, je vais m'appuyer sur ce constat anthropologique et proposer, à tous ceux qui souffrent, de « chanter » leurs angoisses intérieures plutôt que de les laisser s'exprimer à leur corps défendant. En d'autres termes, nous pouvons rendre plus léger ce qui peut paraître psychologiquement lourd et pénible à porter. Nous pouvons transformer les cris intérieurs que nous poussons parfois et qui sont souvent incompréhensibles en chants plus mélodieux. À tous ceux qui se sentent handicapés par des manifestations qui les oppressent ou qui les inhibent, je voudrais proposer de devenir leur propre compositeur[1]. Comment ? Non pas en écrivant des chansons, encore que ce serait une belle et utile démarche sublimatoire, mais en allant chercher au fond de soi de meilleures digues protectrices contre l'angoisse que celles qu'on utilise habituellement.

Face à ses névroses

Les petites ou les grandes névroses mobilisent des mécanismes de défense qui sont aujourd'hui bien connus des professionnels. Selon le type de difficultés rencontrées et l'angoisse qui les accompagne, la personne en souffrance s'en défendra différemment. Ici, au-delà des manifestations les plus visibles, les modalités défensives pour faire face à l'angoisse représentent de véritables signes diagnostiques.

« *Quand mon âme conteste, mon corps proteste* »

J'ai rapporté plus haut (voir p. 83) l'histoire de Diana, jolie jeune femme d'origine brésilienne, sachant séduire pour se faire accepter, mais souffrant terriblement d'un sentiment prégnant d'isolement. J'ai dit qu'elle se partageait « entre 50 % de rhinopharyngites et 50 % de solitude », comme elle aimait le rappeler. Lorsqu'elle prenait conscience de ses difficultés d'insertion liées à son statut d'étrangère, et du caractère injuste de ce problème qu'elle devait néanmoins affronter, elle se révoltait à sa manière, en somatisant, développant des rhinopharyngites à répétition dont la composante allergique était évidente. Comme le dit la chanson, chez Diana lorsque son âme conteste, son corps proteste. Comment est-ce possible ? Les études scientifiques nous apportent sur ce sujet de plus en plus d'éléments qui indiquent que notre système immunitaire est une sorte de sixième sens.

S'il n'empêche qu'aujourd'hui la complexité des mécanismes en jeu dans cette nébuleuse que représentent les relations entre le corps et l'esprit reste toujours un défi scientifique, j'ai moi-même pu constater qu'un malaise physique, plus ou moins important, survenait souvent et de manière incontestable dans un contexte de mal-être psychique. C'est le cas de Charlotte, par exemple.

> **Étudiante, Charlotte présente depuis quelque temps des douleurs abdominales sévères. Tous les examens médicaux sont normaux. Ces douleurs ont débuté deux mois avant la préparation de ses examens. Y aurait-il un lien ? Oui et non : au fond, ce dont Charlotte prend progressivement conscience, c'est que ses douleurs sont en grande partie liées à la pression que sa mère exerce. Elle lui parle tout le temps de ses examens, elle ne fait même que lui parler de son travail, comme si seule sa réussite comptait à ses yeux. Plutôt que de l'aider, cette angoisse maternelle l'oppresse.**

J'ai rencontré bien d'autres situations, qui m'ont moi-même surpris, où l'aide psychothérapique sollicitée par les patients a agi favorablement sur l'état de santé d'un corps depuis longtemps en souffrance, y compris dans des maladies chroniques ou des maladies graves. Dans ces derniers cas, j'ai constaté combien la possibilité d'exprimer son malaise personnel et de formuler les raisons qui en étaient peut-être à l'origine freinait l'évolution de l'affection. La « névrose hystérique », encore appelée « hystérie de conversion », permet de voir, à un degré supplémentaire, la force du processus à l'œuvre. L'angoisse profonde qui s'exprime alors essentiellement par des manifestations corporelles allant de la perte de connaissance à la paralysie inexpliquée d'un bras ou d'une jambe met en branle trois types de mécanismes de protection fondamentaux :

- *La conversion somatique* justement, c'est-à-dire la transformation de l'angoisse psychique en manifestation physique sans aucun substratum organique. Ce sont ces manifestations physiques qui expriment, tout en la déguisant, la souffrance sous-jacente.
- *Le refoulement,* mécanisme par lequel l'« hystérique » garde inconsciemment, au plus profond de lui, les conflits liés à des représentations mentales désirées, mais interdites. De la sorte, le corps exprime symboliquement les conflits inconscients dont le sujet se défend.
- *La séduction,* attitude par laquelle le manque d'amour cherche à être compensé par des marques d'attention, parfois avec excès, et qui peut être source de malentendus avec l'autre.

Plus largement, un corps qui proteste renvoie très souvent à une contestation, présente ou passée, qui ne parvient pas à s'exprimer autrement : il sert à manifester ce qui nous tyrannise à l'intérieur de nous-mêmes. En réfléchissant sur elles-mêmes, en s'observant et en affirmant leur besoin réel d'amour, caché maladroitement derrière d'apparentes attitudes séductrices, les personnes qualifiées d'« hystériques » apprennent à remplacer leurs « défenses hystériques » par de meilleurs moyens pour exprimer et libérer leur angoisse.

« *Tout me fait peur* »

Deux manifestations névrotiques sont facilement identifiables par les comportements qui les caractérisent : les phobies invalidantes, les obsessions tenaces et irrépressibles.

– *Les comportements phobiques* sont des comportements qui nous obligent à éviter toute situation nous confrontant à l'objet de notre peur. Je ne parle pas ici d'une banale peur des souris ou des serpents, mais de vraies phobies, beaucoup plus handicapantes dans la vie quotidienne. On parle alors de « névrose phobique » : le sujet qui en est affecté, en vient à craindre intensément et sans raison manifeste, la survenue d'une situation donnée : la présence inoffensive d'un animal spécifique, la traversée d'un pont, la prise d'un ascenseur ou d'un avion, une réunion à plusieurs personnes, la prise de parole en public, une prise de sang ou les piqûres. Dans ce cas, l'angoisse n'est plus convertie somatiquement, comme dans l'hystérie, mais déplacée et projetée sur le monde extérieur – un animal, un lieu, un objet.

  Trois stratégies défensives sont ici particulièrement actives. Ce sont le déplacement, la projection et le refoulement. Freud, encore lui, a rapporté l'histoire, devenue célèbre, du petit Hans qui ne pouvait sortir dans la rue. Ce garçon n'avait pas conscience des sentiments qui l'habitaient : amoureux envers sa mère et hostiles contre un père dont il redoutait la vengeance. Il les avait refoulés, leur substituant une angoisse pour un cheval qui avait voulu le mordre. Pour ne pas affronter l'angoisse consciente d'être mordu par un cheval, représentant paternel symbolique, et ne pas réveiller l'angoisse inconsciente d'être puni par son père, le petit Hans ne sortait plus, il n'allait plus dans la rue.

– *Dans les obsessions invalidantes*, l'angoisse n'est ni convertie somatiquement ni déplacée et projetée sur le monde extérieur : elle se condense sur une idée irrépressible qui envahit l'esprit – par exemple, la crainte de la saleté. Cette idée s'accompagne souvent de rites eux-mêmes obsessionnels – par exemple, se laver plusieurs fois les mains dans le but d'annuler rétroactivement l'idée obsédante. À un degré de plus, l'intensité des obsessions et des rites se fait beaucoup plus importante. On observe alors un autre moyen de se protéger contre l'angoisse qu'on éprouve : l'isolation, c'est-à-dire la séparation des représentations pénibles et des émotions qui leur sont habituellement associées. Une personne qui utilise inconsciemment l'isolation pour se défendre contre ses obsessions offre souvent l'apparence d'une personne froide, distante, exigeante et dans la maîtrise. Autre moyen de défense contre l'angoisse, privilégié par les personnes qui présentent ce type de névrose : la formation réactionnelle, c'est-à-dire le renforcement de l'attitude qui est opposée à son vrai désir. Par exemple, à la place de l'agressivité, du désordre et de la saleté, on remarquera une forte pitié, un grand scrupule et un constant désir de propreté.

Face à ces deux formes de symptômes névrotiques, la confrontation aux situations phobogènes ou la lutte active contre les obsessions et les rituels sont recommandées. Elles obligent, en effet, face aux angoisses qui s'expriment sous ces différentes formes, à utiliser d'autres forces intérieures pour se protéger, comme l'anticipation de la situation anxiogène et l'action, d'abord virtuelle, puis réelle.

« *Jamais content* »

Présenter tous les signes d'une colère plus ou moins violente, est généralement le contraire de l'image que l'on voudrait avoir de soi et des relations sociales que l'on aimerait établir. On peut pourtant ne pas être tenu pour entièrement responsable de cette émotion « négative », qu'on jugera comme étant alors une « juste colère ». Il vaut mieux exprimer cette « juste colère » plutôt que de la réprimer ou de la refouler.

De même, une certaine agressivité ne sera pas jugée de la même façon selon qu'elle s'inscrit dans un contexte de compétition ou dans un contexte de recherche de position de dominance. Dans un contexte de compétition, l'agressivité et même dans une certaine mesure la colère constituent une force intérieure qui peut s'associer à deux des meilleurs moyens dont nous disposons pour faire face : l'action et l'affirmation de soi.

En revanche, dans un contexte de dominance, le risque est de basculer vers des positions « paranoïaques ». Chercher toujours à dominer, le plus souvent en raison d'un manque profond de confiance en soi, penser que ce sont toujours les autres qui ont tort, représente un moyen de se défendre qui, le plus souvent associé à la colère intérieure, renvoie à la projection. On attribue à tort à autrui ses propres sentiments et ses propres pensées agressives ou même haineuses qu'on ressent bien comme inacceptables en soi. Le risque est que la personne agressée se défende sur le même mode, une escalade de la colère pouvant s'ensuivre, aller jusqu'à la violence verbale et même physique. « Celui qui est en colère parle bien et écrit encore mieux », notait

August Strindberg, ce maître de la colère qui a produit une œuvre colossale. La colère est un sentiment qui se prête à la sublimation et l'écriture qu'elle a nourrie a sans aucun doute sauvé de la folie destructrice l'écrivain suédois qui était la proie de violentes humeurs.

La colère n'est souvent que l'expression de l'angoisse et de la peur de l'autre. Cela explique que certains surprennent leur entourage par de brusques accès de colère alors qu'ils sont généralement plutôt réservés et timides. Face à elle, l'humour est un excellent moyen de s'en sortir sans trop de frais. Une amie m'a un jour raconté comment sa colère à l'égard d'un homme dont elle appréciait l'amitié mais qui cherchait à la séduire avec trop d'insistance, était ainsi brutalement retombée. Lors d'une rencontre que ce dernier avait provoquée, cette amie excédée lui avait demandé agressivement : « Faites-vous une différence entre l'amitié et l'amour ? » Il lui avait alors répondu, sans se démonter, du tac au tac : « Oh oui, c'est le jour et la nuit. » Elle se souvenait qu'elle avait éclaté de rire, et ce faisant, effacé sa colère, et qu'elle avait pu lui expliquer calmement qu'elle souhaitait en rester à une simple amitié. Face à son propre courroux ou à la colère de l'autre, chacun développera des moyens différents de se protéger en fonction des situations et de sa personnalité.

Face à la déprime

La tristesse est une émotion humaine que chacun rencontre à un moment ou à un autre. Les ressources qu'on déploie pour y faire face sont représentatives de la manière dont chacun s'appuie sur ses ressources personnelles pour se protéger et ne pas trop souffrir.

Selon que nous sommes progressivement envahis par la morosité, le cafard ou la tristesse ou que nous nous trouvons déjà dans un état d'abattement face auquel nous nous sentons impuissants, nos moyens de se défendre contre ce mal-être ou cette douleur morale varieront. Dans le premier cas, nous lutterons avec toutes les forces intérieures que nous mobilisons habituellement. Dans le second cas, nous devrons faire appel aux stratégies de dernier recours contre les « pensées déformantes[2] » qui envahissent le sujet profondément déprimé. Menace dépressive d'un côté, dépression avérée de l'autre, les deux situations ne peuvent être confondues. Le cœur de la menace dépressive se caractérise par la lutte ; le cœur de la dépression proprement dite, qui n'est pas celui de la menace dépressive, se caractérise par le fait de ne plus pouvoir rien faire et de ne plus pouvoir faire que ce rien[3].

« *Putain de temps* »

Dans la menace dépressive, heureusement plus courante que la dépression avérée, chacun lutte à la recherche de solutions, de moyens de se protéger de la tristesse qui l'envahit, de la culpabilité ou d'un sentiment d'infériorité qui le fait souffrir. Chacun cherche à se protéger, à « prendre sur lui », en utilisant un ou plusieurs piliers que nous avons regroupés dans le deuxième groupe de défense, ceux qui nous obligent à « prendre sur nous ». Parfois même, on parvient à recourir à nos meilleures forces internes protectrices, en se dégageant du spleen par l'humour, du mal-être par le recours à autrui ou la sublimation.

« *La vie ne vaut rien, mais rien ne vaut la vie* »

Dans la dépression proprement dite, on se trouve écrasé par la déception de soi. L'impuissance face à la réalité ou le manque d'élan vital écrase l'illusion qui est nécessaire à chacun d'entre nous pour faire face à la réalité, à nos propres limites et à nos épuisements temporaires. La véritable dépression se définit par la dépréciation intense de soi, la régression, l'hypocondrie, l'agression passive, le retournement contre soi de l'agressivité et la projection de sa propre culpabilité sur autrui à qui l'on attribue les raisons de sa dépression. Ce sont les dernières digues protectrices face au désespoir. Signalons que ces trois premières réactions citées – la régression, l'hypocondrie et l'agression passive – sont par ailleurs rencontrées chez des patients présentant une dépression chronique[4].

Chez d'illustres femmes écrivains ou chez les compositeurs les plus géniaux comme Chopin ou Schumann, sans parler des plus grands peintres ou des plus grands sculpteurs, on rencontre ces trois modalités protectrices face à un fond dépressif récurrent mais auxquelles s'est associée la sublimation. Au cœur de la dépression, plus généralement (tout le monde n'est pas un génie), l'être humain se sentant seul et ayant le sentiment d'avoir perdu ce qui faisait avant son goût à vivre et les intérêts qu'il avait cherchés pour se protéger, aura tendance à se replier sur lui-même. Bien traitée, une personne déprimée lorsqu'elle sort de son état de mal-être modifie sa manière de se protéger. Retrouvant du goût à la vie, elle change de style de défense et cesse de recourir aux stratégies de dernier recours[5].

Face à l'hypersensibilité

Qu'est-ce que la sensibilité ? D'où vient-elle ? Faut-il se tourner vers notre enfance ? Quand nous permet-elle de goûter intimement aux plaisirs de la vie, quand au contraire nous fait-elle souffrir ? Quand nous permet-elle de partager avec les autres et quand nous donne-t-elle le sentiment de ne pas pouvoir être compris ? Nous sommes sensibles à la beauté d'un paysage, d'une œuvre d'art, d'une jolie femme, d'un bel homme. Nous sommes sensibles au bonheur ou au malheur d'un enfant, à la très belle histoire d'amour qu'un film ou qu'un roman nous dévoile. Mais cette histoire d'amour qui nous touche tant, nous émeut d'autant plus qu'elle a rencontré des obstacles qui ont été surmontés victorieusement. Entre l'histoire de ces deux jeunes des bidonvilles de Calcutta qui finissent, après tant de péripéties, par se retrouver dans *Slumdog Millionnaire*, à l'histoire et à la fin tragique de Roméo et Juliette, notre sensibilité a sans aucun doute à voir avec la souffrance de l'âme. Délices et tourments caractérisent la sensibilité.

La sensibilité ne correspond ni à une pensée précise ni à une émotion particulière. Elle ne peut par exemple être assimilée à l'angoisse ou à la joie. Par contre, elle s'observe dans une manière d'être et de réagir et se reconnaît de façon intuitive chez soi-même ou chez les autres. Ceci signifie que tout être humain sait ce qu'est la sensibilité, sans pour autant savoir la définir ni comment toujours s'en défendre quand elle vous déborde. Le corps qui participe émotionnellement à ce qui se passe, les mots qui expriment les sentiments ressentis dans une situation donnée traduisent un vécu intérieur et relationnel, une chaleur humaine qui s'oppose à la froideur caractéristique de l'insensibilité. On ressent intuitivement une sensibilité chez soi-même ou chez l'autre lorsque justement nos pensées et nos émotions, notre esprit et notre corps sont intimement liés.

Chacun a sa propre sensibilité et son propre niveau de sensibilité, sa propre manière de la gérer et de s'en protéger. La sensibilité fait partie intégrante de notre nature humaine. La sensibilité est comme le sucre : s'il perd sa saveur, qui la lui rendra ? Il ne s'agit pas de faire l'apologie du sens et du plaisir épicurien au détriment de la raison et de la vertu stoïciennes, il s'agit de partir de ce qui est premier, des sensations et des sentiments, de comprendre les raisons du cœur que la raison ne reconnaît pas. Qui n'a pas été confronté à des sentiments et à une sensibilité dont la logique lui échappe ?

Qu'entend-on par sensibilité ? Ce n'est ni la sentimentalité ni l'émotivité. On pourrait la reconnaître plus facilement par son absence. On dira volontiers devant l'apparente froideur de quelqu'un qu'il manque de sensibilité. Face à une situation ou un événement émouvant, comme une injustice flagrante ou la disparition d'un être cher, l'absence d'émotion, de compassion ou d'empathie signera le peu de sensibilité apparente de celui qui semble si peu réagir. À moins qu'il s'en défende à la hauteur du risque d'envahissement. Nous l'avons vu, le mécanisme d'isolation peut être particulièrement trompeur sur ce qui est ressenti profondément. On opposera aussi volontiers les personnes qui ont du cœur à celles qui n'en ont pas. Enfin, face à quelqu'un de fortement rationnel, logique, organisé, on pourra s'interroger sur sa sensibilité ; le problème est que la sensibilité se cache volontiers derrière des apparences trompeuses.

« *Rouge* »

Que se passe-t-il lorsque notre sensibilité nous déborde ? Doit-on s'en protéger et comment ? La sensibilité est une force, l'hypersensibilité peut être une faiblesse ; tous les hypersensibles et ceux qui les entourent vous le diront. Trop se protéger nous rend insensibles ; à l'inverse ne pas savoir apprivoiser nos débordements est une gêne pour soi et pour l'entourage. Nos piliers protecteurs sont justement là pour nous aider.

L'hypersensibilité n'est pas en elle-même un défaut. Chez ceux qui se disent ou qu'on ressent « hypersensibles », leur cœur est toujours prêt à s'embraser, un feu intérieur les habite. Condamnés à vivre constamment l'incandescence de leur feu intérieur, leur sensibilité incontrôlable, souvent accompagnée d'une soif inextinguible mais épuisante d'absolu, risque de leur brûler les ailes. « Trop a toujours été la mesure de mon monde intérieur », confie dans sa *Prose autobiographique* ce grand écrivain russe de l'entre-deux-guerres, Marina Tsvetaïeva, amie de Rilke et de Pasternak à qui elle écrira : « Boris, j'ai besoin de toi comme de l'abîme, de l'infini. » Magnifique écriture traduisant ici ce que ressentent souvent les hypersensibles ou ceux qui les entourent : le besoin de s'appuyer intensément sur autrui et de recourir à l'autre quand un effondrement se profile à l'horizon.

Les sociétés et les cultures d'aujourd'hui ne gèrent pas toute la sensibilité humaine, ou du moins son expression, de la même manière. Personne ne peut nier que l'expression de la sensibilité est bien plus libérée dans les sociétés d'Amérique du Sud que dans les cultures asiatiques. On constate aussi que le taux de suicides est plus élevé dans les secondes. Existerait-il un lien de cause à effet ? Dans les sociétés occidentales, la sensibilité passe souvent au second plan après la pensée rationnelle, l'intelligence intellectuelle et l'élitisme. Notre vie moderne qui se mondialise a tendance à fixer un haut niveau d'exigence et de rationalité : il faut être le meilleur parent, réussir professionnellement, en un mot être performant et même excellent dans tous les domaines. L'hypersensibilité est considérée comme une faiblesse. Et pourtant, quel état d'âme a poussé de tout temps à combattre l'oppression, l'exploitation de l'homme, les discriminations sociales si ce n'est la sensibilité et même l'hypersensibilité ?

L'hypersensibilité ne permet pas de trouver facilement en soi des ressources internes pour se protéger de ses excès. Les hypersensibles sont facilement altruistes, mais souvent trop, au point de devenir dépendants de ceux vers qui ils se tournent. Les hypersensibles sont volontiers idéalistes, mais ils sont les premiers à ne jamais suffisamment se sentir à la hauteur de leurs idéaux et ainsi se déprécier. Mal compris des autres, ils se défendent en luttant contre l'expression de leur sensibilité intense soit en se réfugiant dans une rêverie solitaire, soit en tentant d'inhiber leur sensibilité par un mécanisme puissant mais douloureux d'isolation, dont j'ai déjà évoqué la présence dans la sensibilité de tout un chacun. Mais l'hypersensibilité est aussi, souvent, source de créativité. La sublimation représente la meilleure force protectrice interne constatée chez les hypersensibles. Combien de créateurs s'appuient sur leur intense sensibilité pour réaliser leurs projets d'écriture, de peinture ou de sculpture...

« *Tu es ma came* »

Les conduites de dépendance sont variées. On peut être dépendant à une personne sur laquelle on s'appuie totalement, on peut être dépendant au jeu, au sexe, à l'alcool ou à la drogue, on peut être dépendant à la nourriture comme dans la boulimie ou à son absence comme dans l'anorexie. Toutes ces conduites de dépendance ont un point commun. Elles renvoient à un même problème qui sera exprimé par la personne qui en souffre à un moment ou à un autre : elle recherchera des perceptions agréables par un apport extérieur afin d'apaiser les menaces anxieuses ou dépressives intérieures. Cette caractéristique humaine a été parfaitement résumée par deux collègues qui ont particulièrement travaillé ce problème, Philippe Jeammet et Maurice Corcos : « Plus on a des menaces intérieures, plus on recherche des perceptions extérieures[6]. »

Dans le comportement de dépendance, on retrouve souvent deux stratégies défensives : la régression pour retrouver l'apaisement qu'enfant le monde extérieur protecteur apportait, et le refuge dans la rêverie qui met hors de soi les contraintes du monde externe.

Toutes ces conduites de dépendance se rencontrent souvent chez les sujets hypersensibles. Le piège est que cette dépendance ne fait que rendre le sujet encore plus hypersensible. La dépendance aux drogues en donne une parfaite illustration, le problème se complique au fur et à mesure que la dépendance s'installe et s'accroît. La recherche accrue d'un apaisement de l'angoisse ou de la menace dépressive pousse la personne à développer des attitudes de fuite, des mouvements de régression et des passages à l'acte. Le déni ou même la mise à l'écart des conséquences négatives des consommations abusives de produits quels qu'ils soient peut également conduire des sujets à ne pas percevoir leurs symptômes et à ne prendre soin d'eux que très tardivement.

« *L'aigle noir* »

L'hypersensibilité est une caractéristique majeure des personnalités présentant un « fonctionnement limite », entre névrose et psychose. Cette hypersensibilité ressentie dans la vie et, plus particulièrement, avec les autres s'explique souvent par une enfance marquée par des abandons, des maltraitances physiques ou des abus sexuels. Les années passant, le danger d'être maltraité ou abandonné demeure à fleur de peau. La chanson « L'aigle noir » évoque magistralement ce danger. Le besoin permanent des hypersensibles au « fonctionnement limite » est de s'appuyer sur une personne fiable, dont ils rêvent de ne craindre ni le désintérêt ni l'absence : au moindre éloignement, ils manifestent un sentiment profond de dépressivité. Ils ont besoin de s'appuyer de façon constante sur l'autre au prix d'une dépendance qui les fait souffrir. L'instabilité de leur comportement, de leur vie affective, relationnelle, professionnelle et sociale ne fait que traduire leurs difficultés à se sentir en sécurité.

Leur espoir d'un présent et d'un avenir meilleurs repose sur les piliers protecteurs que nous avons classés dans le groupe « dernier recours ». Les « hypersensibles limites » se défendent de leur angoisse d'abandon en passant à l'acte devant toute frustration à laquelle ils seront sensibles. Certains seront plus impulsifs que d'autres : la consommation abusive de toxiques, les violences contre autrui ou les gestes suicidaires domineront leur existence. Ils se protégeront aussi en clivant leur désir en tout, tout de suite ou rien ; ils rangeront les autres en tous bons (ceux sur qui ils s'appuient à ce moment-là) ou tous mauvais (les autres). L'idée de compromis leur est tout à fait étrangère. Il existe chez ces « hypersensibles limites » une division de la réalité en deux mondes distincts : l'un obéissant à une évaluation correcte de la réalité, l'autre fonctionnant suivant un mode volontiers fantasmatique, idéaliste, mais aussi plus « utilitaire ». Une telle division des images ne constitue nullement un éclatement consommé comme chez le psychotique, mais un mode de défense assuré par ce clivage auquel s'associent, à des degrés divers, la projection, l'idéalisation de soi et son inverse, la dévalorisation. Un hypersensible au « fonctionnement limite » a besoin de séparer les autres, le monde et lui-même en un intérieur et un extérieur rassurant d'un côté, un intérieur et un extérieur inquiétant de l'autre. Les relations aux autres sont difficiles, ce qui ne fait que renforcer l'hypersensibilité de départ. Là encore, la possibilité de se tourner vers des activités créatrices, quelles qu'elles soient, peut protéger d'une hypersensibilité qui, de destructrice, devient alors productrice. Si cette créativité est reconnue par les autres, elle bouleverse l'existence sur le plan narcissique et fait renaître l'espoir.

Face à la folie

La folie, la véritable, la vraie, celle qui fait délirer touche 1 % des êtres humains. Quelle qu'en soit son origine – une atteinte du cerveau, des expériences particulièrement douloureuses, des prises prolongées et abusives de toxiques –, la personne qui y est confrontée cherche aussi à s'en protéger.

« *Délire d'amour, délire de haine* »

Au bord du gouffre, certains se défendent contre l'angoisse démesurée d'être morcelé et détruit par une réalité en s'échappant par le délire de la réalité qui les menace. Ils vivent ce que chacun vit quand il rêve ou cauchemarde la nuit. Leur rapport souvent catastrophique au monde et l'angoisse qu'il suscite les conduisent à se défendre par des moyens les plus archaïques :

- *La projection*, c'est-à-dire la recherche à l'extérieur de sa propre destruction. La proposition « je le hais » se trouve transformée en « il me hait » (« il me persécute »), ce qui donne à la personne malade le droit de haïr en retour.
- *Le déni* d'une réalité extérieure menaçante afin de préserver son sentiment de toute-puissance. Ce mécanisme permet de comprendre la construction par le délire d'une néoréalité totalement imaginaire.
- *La rationalisation* où des pensées apparemment organisées se révèlent erronées, illogiques ou même incompréhensibles pour ceux à qui elles sont destinées.
- *Le clivage* des autres, ceux visés par les pulsions destructrices, en « tous bons » ou « tous mauvais ».

– *La régression* aux stades les plus archaïques de la petite enfance.

Tout être humain, aussi délirant soit-il, est une personne qui cherche à se protéger de la destruction et de l'insécurité. Il y a un certain nombre d'années, j'ai moi-même été étonné de rencontrer un sujet, considéré comme « schizophrène », manifester des ressources intérieures comme l'auto-observation, l'anticipation et même l'humour que je n'imaginais pas possibles. Aujourd'hui, je sais que toute personne, quel que soit son niveau de santé mentale, dispose en elle de l'ensemble des ressources qui ont été présentées dans ce livre. Il nous revient, à nous praticiens, de favoriser chez tous nos patients le développement des moyens d'expression susceptibles de les aider à prendre soin d'eux-mêmes. Il nous revient aussi d'aider leur famille. En définitive, je suis convaincu, comme beaucoup de mes confrères, que la souffrance humaine provient d'attitudes inadaptées au contexte dans différents domaines (représentation de soi et/ou de l'environnement, réponses émotionnelles, relations interpersonnelles, contrôle des impulsions) et d'attitudes de protection stéréotypées, rigides et résistantes au changement, qui nous privent d'une part importante de liberté.

TROISIÈME PARTIE

PRENDRE SOIN DE SOI, AIDER LES AUTRES À PRENDRE SOIN D'EUX

Chapitre 10

JOUER INTELLIGEMMENT AVEC SOI

Platon écrivait évidemment de façon imagée et métaphorique : « Il y a deux sortes de troubles des yeux et [...] ils se produisent suivant deux causes : lorsque les yeux passent de la lumière à l'obscurité et de l'obscurité à la lumière. » La célèbre « allégorie de la caverne » (*Républiques*, livre VII) met en scène la découverte des prisonniers qui quittent la pénombre et discernent les formes réelles, l'éclat du vrai et des idées éternelles.

Au début des entretiens que je propose aux personnes qui viennent me voir et qui cherchent avant tout du réconfort, je leur demande ce qu'elles souhaitent voir changer en elles et quelles manières de se protéger utilisent-elles préférentiellement face aux difficultés qu'elles rencontrent. Dans un climat partagé d'authenticité et d'attention, nous avançons ensemble pour avant tout mieux comprendre ce qui doit changer, comment mobiliser les meilleures forces défensives et comment connaître, si le besoin s'en fait sentir, toutes celles que chacun a en soi. Ensuite arriveront toutes les interprétations que chacun peut se faire de son existence. C'est cette méthode que je propose à chacun de suivre pour s'aider soi-même.

Changer de point de vue, changer son rapport au monde, ne va pas de soi. Tout changement s'oppose à une résistance. Cela ne va-t-il pas mettre en péril notre identité ? Qui est « je[1] » reste une question lancinante. Pour autant, doit-on accepter le point de vue pessimiste d'André Gide : « L'homme est incapable de choix et il agit toujours cédant à la tentation la plus forte[2] » ? Certes, changer nécessite le désir et la volonté de modifier les manières inopérantes ou douloureuses de faire face aux événements de la vie. Certes, le désir de changement peut être motivé par un sentiment de mal-être, par une souffrance, mais il doit aussi s'appuyer sur le sentiment que l'on a la capacité d'évoluer et de s'adapter à la réalité mouvante et souvent imprévisible. Nous avons du mal à modifier nos comportements, nos habitudes à « bouger les pierres » et paradoxalement à bouleverser ce à quoi cette volonté de changement nous obligerait à renoncer. Faire tomber les barrières qui jusque-là étaient même fortement encombrantes voire persécutrices. Tout ceci ne va pas de soi. On conçoit la nécessité d'y consacrer une certaine énergie, mais n'est-ce pas la destinée humaine qui accompagnera le sujet durant toute son existence, comme il a été contraint de sortir de l'espace utérin puis de grandir ? La route du Soi évitera ainsi d'être une voie sans issue dans laquelle on se heurte de façon répétée aux mêmes obstacles. Il y a généralement trois situations dans lesquelles un changement intérieur s'impose, ou doit au moins être envisagé : lorsqu'on est confronté à une situation nouvelle dans sa vie, lorsqu'on constate que quelque chose ne va vraiment pas et que cela dépend de soi ou lorsqu'on se dit : « Ça va mais ça pourrait aller mieux. » La question devient : comment rebondir, sur quelles forces intérieures m'appuyer ? Et mieux encore : « À toute chose malheur est bon »... à condition de se battre.

Avec humour, le psychologue Paul Watzlawick[3] a déclaré : « Être malheureux est certes à la portée du premier venu, mais se rendre malheureux, faire soi-même son propre malheur sont des techniques qu'il faut apprendre ; à cet apprentissage-là, quelques coups du destin ne suffisent pas... Apprivoiser son malheur est le premier pas vers la joie... » J'ajouterais dans la même veine que plus la situation est désespérée, plus la situation est désespérément simple : trouver dans ses forces internes les meilleurs piliers protecteurs correspond à des efforts qu'il faut parfois activement déployer, et là aussi quelques coups du destin ne suffisent pas.

Rien n'est immuable

Chacun doit néanmoins savoir qu'il peut mobiliser des forces insoupçonnées en découvrant en lui de nouveaux moyens de faire face aux événements de la vie. Chacun, rappelons-le, a l'habitude d'utiliser les mêmes forces internes, les mêmes piliers protecteurs qui se sont renforcés au fil du temps. Lorsque ces ressources nous satisfont et nous donnent le sentiment de faire face correctement aux questions qui se posent, nous n'avons pas de raison d'en changer. Mais lorsqu'elles nous donnent le sentiment de subir notre vie et ne nous satisfont pas, nous devons être convaincus que des changements à ce niveau sont nécessaires. Certes, il y a des résistances : l'habitude, le bénéfice que l'on peut malgré tout en tirer, le risque d'un certain inconnu que cela entraîne. Mais est-ce si difficile de changer ? Non. Doit-on craindre que l'on risque de changer du tout au tout ? Non plus. Catherine nous en donne l'exemple.

Catherine a 30 ans. Elle s'interroge sur les études qui l'ont menée à travailler dans la restauration. Après cinq ans dans ce domaine, elle prend de plus en plus conscience que ce métier ne lui plaît pas. Après avoir vécu une grande partie de son enfance et de son adolescence à Toulouse, elle est venue à Paris, sa « ville de cœur », dit-elle. Ce sentiment est sans doute lié au fait qu'elle y a vécu les sept premières années de sa vie, auprès de ses parents bien sûr mais aussi de ses grands-parents qui se sont beaucoup occupés d'elle. Elle en a un très bon souvenir. Ses parents, hôteliers et restaurateurs, travaillant beaucoup, se sont beaucoup appuyés sur les grands-parents pour s'occuper de leurs enfants et en particulier de Catherine. Sa venue à Paris est aussi liée au fait qu'elle a toujours eu beaucoup de difficultés à se séparer de ses parents. Elle doit se forcer. Peut-être, dit-elle, parce qu'ils lui ont manqué lorsqu'elle était petite. Elle pense également qu'elle a toujours eu besoin de sentir qu'ils avaient confiance en elle, en particulier de la part de son père. Elle décrit celui-ci comme très affectif, mais exprimant très peu ses sentiments et ses encouragements. Elle a tellement envie qu'il soit fier d'elle. Elle excuse l'attitude paternelle trop distante à son goût en raison de ses difficultés professionnelles et d'une période, qu'elle considère comme dépressive, qu'il a traversée. Elle s'en est bien rendu compte au moment de sa propre adolescence à elle. Catherine a conscience qu'elle a toujours le désir de faire plaisir aux autres et que ceci passe avant ses propres désirs. Elle le sait, on le lui a souvent dit mais elle ne peut pas s'en empêcher. À 24 ans, Catherine a eu une relation sentimentale importante qu'elle considère comme la seule sérieuse jusqu'à maintenant dans son existence. Là aussi, avec le recul, elle a compris qu'avec ce garçon qui l'a quittée elle s'est montrée trop conciliante, trop dévouée, faisant toujours passer ses désirs à lui avant les siens. Elle pense que ce côté apparemment altruiste est lié à son besoin de se sentir aimée et admirée par les autres mais la rend dépendante. Son souhait actuel de changer de métier l'angoisse. Elle aimerait travailler dans l'« événementiel ». Que vont en penser ses parents et en particulier son père ? Je l'amène à prendre conscience qu'elle peut se sentir aimée et admirée si elle s'affirme et montrer à son père, qu'elle qualifie de self-made-man, qu'elle peut elle aussi agir et se construire sans avoir besoin toujours de l'assentiment des autres. Ceci l'amène à prendre la décision de quitter son emploi et de chercher un stage dans une société d'événementiel. Elle découvre avec bonheur qu'au moment où sa décision a été prise, ses angoisses ont disparu. Elle est surtout heureuse d'avoir pu l'annoncer à son père qui l'a tout à fait encouragée dans cette nouvelle voie. Elle sait maintenant que son père peut être fier d'elle, non pas parce qu'elle est la « gentille fille » qui s'occupe de tout le monde et qui ne veut contrarier personne, mais parce qu'elle sait montrer d'autres forces intérieures : s'affirmer et agir. Ceci l'étonne encore un peu, mais elle se rend compte que cela lui donne beaucoup plus de plaisir. Je remarque moi-même, alors qu'elle parlait avec une voix toujours basse, qu'elle parle plus fortement ; de même qu'elle est devenue jolie et plus élégante. Pour la première fois, pour ses vacances de fin d'année, elle partira faire du ski avec des amis et ne sentira plus le besoin de passer les fêtes avec ses proches pour leur faire plaisir.

Son altruisme excessif, ses formations réactionnelles, son manque d'affirmation d'elle-même n'ont pas disparu, elle peut toujours les utiliser, mais à ses forces intérieures s'en sont ajoutées et même substituées d'autres beaucoup plus agréables et efficaces pour poursuivre sa route. Une question se pose : Catherine aurait-elle pu les développer sans ressentir un certain mal-être ou sans accepter de réfléchir sur sa vie et avoir confiance dans les capacités de changement que tout être humain possède en lui ?

Choisir sa vie et prendre soin de soi

Choisir sa vie ne va pas de soi, en revanche tenter de l'aborder de la manière la plus claire possible améliore sérieusement l'existence. On entend souvent qu'il faut savoir écouter son corps ; pourquoi ne pas savoir aussi écouter son âme habitée par des forces intérieures qui permettent de réussir sa vie amoureuse, professionnelle et sociale ? *Mens sana in corpore sano*, ce proverbe du poète Juvénal est d'une étonnante modernité comme des travaux récents l'ont montré.

Nous savons aujourd'hui plus que jamais que nous devons apprendre à préserver la Nature. Ne devrions-nous pas aussi apprendre à préserver notre propre nature humaine, composée d'un corps et d'un psychisme ?

La manière dont les professionnels se sont posé la question et dont beaucoup d'entre eux travaillent aujourd'hui peut aider chacun, pour soi, pour ses enfants ou pour ses proches, à faire en sorte de changer les stratégies protectrices qui ne conviennent pas et à élargir la gamme de toutes celles potentiellement disponibles en chacun de nous. Rappelons que ce livre a pour objectif de faire connaître une méthode pour y accéder. De nos jours, elle est connue et utilisée par les spécialistes pour accompagner chacun à trouver et mobiliser en soi toutes ses forces intérieures. Pourquoi ne pas la faire connaître afin que chacun l'utilise pour soi ? J'ai aidé de nombreuses personnes à découvrir leurs meilleures ressources intérieures pour dépasser leurs difficultés et réussir leur vie. Cela a parfois mis du temps et la satisfaction d'entendre : « Vous m'avez fait beaucoup de bien » est la plus belle des récompenses. Je souhaite aujourd'hui faire profiter de mon expérience afin que tout le monde puisse individuellement aller à la découverte de soi-même, de ses trésors cachés et faire de même pour les autres, à condition de savoir qu'une évolution personnelle se fait beaucoup plus à petits pas que sous la forme d'une révolution.

Encore faut-il que chacun, quelle que soit son intelligence, soit disposé et prenne conscience du fait qu'il peut mobiliser toutes les ressources protectrices que chaque être humain a en sa possession. Le célèbre philosophe Wittgenstein, à qui personne ne peut discuter ses capacités de sublimer l'angoisse humaine et sûrement la sienne propre, déclara un jour à l'économiste et financier britannique Keynes :

« J'aurais aimé écrire une œuvre philosophique exclusivement composée de blagues.

– Pourquoi ne l'avez-vous pas fait ? demanda Keynes.

– Malheureusement, je n'ai pas le sens de l'humour », répondit Wittgenstein.

J'aurais aimé pouvoir répondre à Wittgenstein : « Vous faites une erreur, cherchez bien, l'humour est en vous, exercez-vous, vous serez surpris. »

Les trésors de forces intérieures cachées en soi

Chacun sait que ce n'est pas en écoutant aux portes que l'on entend forcément dire du bien de soi. Tirons-en une conséquence : soyons plus convaincus et plus confiants dans nos forces intérieures. Comment faire ?

La méthode des professionnels est bien rodée. D'abord ils demandent à la personne de raconter des scènes précises où le sujet s'est senti dans l'obligation d'avoir à faire face à des situations concrètes. Ils repèrent alors les stratégies les plus fréquemment utilisées dans la majorité des situations, celles mêmes que la personne utilise préférentiellement, quasi automatiquement quand elle se sent en difficulté ; par exemple agir, anticiper ou encore déplacer le problème, projeter systématiquement l'origine de celui-ci sur les autres, etc. Les professionnels les font découvrir au sujet et en évaluent avec lui la convenance, l'efficacité et l'agrément. Certaines sont utiles et satisfaisantes, alors que d'autres sont inadaptées, pénibles et souvent inefficaces. Les professionnels commencent alors à « jouer » avec la personne pour l'amener à rechercher celles qu'il aurait mieux valu utiliser et l'aident à faire le tour de toutes celles auxquelles elle ne pense pas mais qui sont pourtant disponibles, là, au fond d'elle. La partie avance quand la personne s'exclame : « Ah, oui, j'aurais mieux fait de faire ou dire cela », en s'étonnant avec intérêt de ses potentialités inexploitées. Cela ne veut pas dire que les automatismes antérieurs disparaîtront d'emblée ; l'exercice doit être répété le temps que le sujet les assimile et modifie sa gamme pour son bien-être.

Cette méthode peut être utilisée par tout un chacun pour progresser soi-même et mobiliser ses ressources intérieures.

Mobiliser ses ressources intérieures

La démarche qui consiste à s'auto-évaluer le plus objectivement possible se confronte toujours à la subjectivité de chaque individu. Mais si nous sommes confiants dans le fait que nous avons en nous des forces internes insoupçonnées qui nous permettent d'utiliser un nombre plus important que nous le faisons de moyens de nous protéger, alors l'important est de les repérer soi-même, comme nous venons de voir comment les professionnels les font découvrir à leurs patients, et de prendre le recul suffisant pour les modifier.

Quelle démarche peut-on proposer afin que chacun puisse s'en inspirer ? Une démarche simple – mais attention, simple ne veut pas dire spontanée – qui comporte six étapes :

1. *Repérer les situations* vis-à-vis desquelles on a ressenti la nécessité de savoir y faire face ou de se protéger.

2. *Reconnaître les pensées et les comportements* que l'on développe face à chacune de ces émotions. L'anxiété peut par exemple amener à mieux connaître les situations qui la déclenchent et à anticiper les comportements à adopter face à ces situations.

3. *Se rappeler sa première impulsion face à une situation ou à un sentiment désagréable.* L'ennui peut conduire à s'activer mais aussi à boire.

4. *S'interroger sur la stratégie utilisée* en raison de l'image que l'on a voulu donner aux autres au risque de mal se défendre et en changer. Par exemple, il ne s'agit pas de faire comme si on ne prêtait aucun intérêt à une contrariété alors qu'on n'en dort pas la nuit, mais il convient plutôt d'y

réfléchir calmement. Il ne s'agit pas de se mentir à soi-même si on n'arrive pas à faire face, seul, à une situation mais il faut plutôt accepter de recourir à autrui. Il ne s'agit pas d'accepter les exigences excessives des autres mais il s'agit de faire respecter son point de vue et sa liberté de penser.

5. *Bien clarifier les stratégies* défensives mal choisies, à l'origine d'attitudes inappropriées et des comportements qui en résultent. L'attitude de fuite dans le désir et l'usage abusif de l'alcool ou de drogues en est un excellent exemple. De même projeter systématiquement son agressivité et les raisons de ses ennuis sur les autres permet de constater que le problème reste toujours présent.

6. *S'entraîner* aux situations clés dans lesquelles on aurait eu tendance à se comporter comme par le passé et pour lesquelles on a découvert que l'on pouvait évoluer.

On découvre ainsi que rien n'est immuable et que les cercles vicieux dans lesquels on se trouvait ou les tensions dont on se défendait mal disparaissent. Cette acceptation de la confrontation à soi-même et de la clarification que l'on fait est une source supplémentaire de confiance en soi. Une amie à qui j'avais recommandé cette méthode me disait : « Je fuyais toujours les problèmes, j'ai vraiment voulu y faire face beaucoup mieux, m'appuyer sur ce que tu appelles mes piliers protecteurs cachés, j'ai tenu bon et j'y suis arrivée. Maintenant il m'arrive encore de mettre à l'écart certains problèmes qui me dérangent, mais je ne les fuis plus. Il m'arrive encore de considérer que c'est la faute des autres mais immédiatement je m'interroge sur le rôle que j'ai pu jouer. J'accepte même l'idée que c'est moi qui parfois crée le problème. »

Chapitre 11

AIDER LES AUTRES À PRENDRE SOIN D'EUX

Si nos proches peuvent nous aider à changer, nous pouvons aussi aider les autres à progresser. Répétons-le, prendre soin de soi permet de mieux accepter les autres et inversement.

Sans projeter trop rapidement ses propres attitudes négatives sur les autres, il est souvent plus facile de reconnaître chez son voisin ce qui dysfonctionne que chez soi-même.

Mais notre entourage, dans notre vie familiale ou dans notre vie professionnelle, peut nous poser des problèmes en raison des moyens qu'il déploie pour se protéger. Notre conjoint ou notre collègue de travail peut trop facilement déplacer les problèmes, il peut se montrer passif et agressif, il peut se replier sur lui-même comme une huître ou se réfugier dans une rêverie solitaire face à une question délicate dont on souhaite débattre. L'agacement n'est pas loin et nous oblige à utiliser toutes nos ressources pour nous défendre.

En revanche, on peut s'identifier aux autres et accepter que chacun puisse avoir des difficultés à changer sa manière d'être comme on l'a eu soi-même.

Une fois convaincu à partir de sa propre expérience qu'il est particulièrement utile de connaître et de s'appuyer sur toutes ses forces intérieures protectrices pour mobiliser les plus adaptées et les meilleures selon les circonstances, pourquoi ne pas en faire profiter ses proches ? Cela les aidera dans leur vie personnelle. Cela vous permettra aussi de mieux vivre avec eux. Comme je l'ai déjà évoqué, l'altruisme n'est jamais totalement gratuit !

Comme on l'a vu, la capacité de recourir à autrui est une excellente force intérieure pour faire face aux difficultés rencontrées. Mais tout le monde n'a pas d'emblée cette facilité. Aider quelqu'un place dans une position qui n'est pas toujours facile. Elle peut susciter chez celui ou celle que l'on cherche à aider soit une réaction « narcissique » de fierté et d'idéalisation de soi : « Je peux m'en sortir par moi-même », soit une réaction de repli : « De quoi se mêle-t-il ? », soit une réaction « paranoïaque » : « Il cherche à me dominer. » Comme on le voit, la relation d'aide peut susciter chez celui à qui elle s'adresse, des réactions défensives de protection. L'observation de ces dernières avec leur explicitation tranquille, avec attention ou avec humour, est le premier temps à respecter.

Aider un proche

Lorsqu'on souhaite aider un proche à modifier les ressources protectrices qu'il a l'habitude d'utiliser face aux difficultés qu'il rencontre, y compris celles suscitées par vous-mêmes, la démarche d'« écoute active », bien connue des spécialistes des relations humaines, est conseillée.

Cette démarche repose sur trois principes :

1. Bien préciser le cadre dans lequel cet échange a lieu : « On ne parle aujourd'hui que des manières dont on peut se défendre dans la vie. Il ne s'agit pas de te faire la leçon ou de porter un jugement. Si tu penses que je vais trop loin ou que ça ne t'intéresse pas pour le moment, on en reste là. »

2. *Ne pas vouloir d'emblée convaincre*, mais commencer par questionner la personne sur ce qui ne lui paraît pas satisfaisant en l'aidant à préciser ce qu'elle veut dire :

– sait-elle prendre ni trop ni trop peu soin d'elle ?
– rencontre-t-elle toujours les mêmes difficultés quand elle est mécontente ou angoissée ?
– a-t-elle repéré les moyens habituels utilisés quand elle se sentait en difficulté ?
– sait-elle qu'il en existe de meilleurs que d'autres ?
– en connaît-elle la liste complète dont elle peut disposer ?
– souhaite-t-elle en élargir la gamme dans sa vie quotidienne et mieux savoir l'utiliser ?

3. *Savoir reformuler les réponses* ou les questions que la personne vous pose : « Tu as voulu dire cela ? », « Ai-je bien compris, ce que j'ai dit était-il clair ? », « Peux-tu me répéter ce que tu voulais dire ? »

À partir de ces postulats, si chacun se sent à l'aise, vous pouvez alors, et alors seulement, proposer à la personne que vous souhaitez aider de suivre la démarche en six étapes examinée précédemment que vous avez vous-même suivie.

Aider ses enfants et ses adolescents

Comment permettons-nous à l'enfant de prendre conscience de ses angoisses et de la manière dont il y fait face ? En parlant avec lui, en le faisant dessiner et jouer, en commentant ses dessins et ses jeux. Il est évident que la relation avec l'enfant requiert l'ajustement à ses moyens d'expression. En tant que professionnel comme mes collègues, je m'adapte à ces moyens d'expression. Les parents peuvent parfois s'étonner que leur enfant revenant de leur séance de psychothérapie leur dise : « J'ai dessiné ou j'ai joué. » Les psychothérapeutes utilisent préférentiellement le jeu et le dessin pour permettre à l'enfant de communiquer aisément sur ses désirs, ses pensées, ses soucis, ses moyens d'y faire face, qui transparaissent par projection plus ou moins imaginaire dans ces deux activités. Les parents peuvent faire de même.

Ceci ne veut pas dire que ce jeu ou ce dessin ne sera pas accompagné d'un commentaire par l'enfant. Ces « médias » lui permettent d'exprimer ce qu'il imagine et sa manière de penser et de ressentir comme il le fait dans sa vie quotidienne. Si l'enfant est trop agressif, ses dessins et ses jeux seront envahis par des scènes de violence, de guerre, de destruction où on pourra reconnaître pourquoi cette agressivité est si omniprésente et contre qui ou pourquoi elle envahit l'enfant trop fréquemment. On pourra alors à partir des commentaires du dessin ou du jeu qu'on organise avec l'enfant lui permettre d'utiliser une ressource défensive meilleure qu'une autre. On lui fera préciser ce qu'il voulait dire et quelle nouvelle histoire il pourrait construire à partir des mêmes thèmes. Il développera ainsi ses capacités sublimatoires et d'identification au lieu d'utiliser de façon trop répétée des sentiments de toute-puissance, ou le déni de ses craintes projeté dans son jeu ou son dessin.

Pour les adolescents, se faire aider n'est pas toujours facile. Ces difficultés s'expliquent justement par les manières particulières dont on se protège à cette période de l'existence. L'adolescent ne recourt pas facilement à autrui, surtout s'il s'agit d'un adulte, par peur de mettre en péril son désir d'autonomie. On peut observer à ce propos comment deux manières de se protéger peuvent entrer en compétition : la capacité à recourir à autrui et le désir de s'affirmer. L'adolescent n'aime pas avoir tort et peut exprimer des propos excessifs. S'adressant à son père, à sa mère ou à ses deux parents, il peut dire : « Ce n'est pas moi qui ai besoin de changer, c'est vous. » Sa stratégie projective est souvent à fleur de peau. L'adolescent peut aussi puiser dans ses forces internes pour dénier la réalité ou cliver le monde en deux. L'intensité de ce déni ou de ce clivage contraste toujours avec la capacité de l'adolescent, à d'autres moments, d'être particulièrement réaliste et soucieux des autres.

Ces manières particulières de se défendre exigent, pour qu'une aide se mette en place, que l'adolescent puisse quitter, un moment du moins, la sécurité que lui offrent ses défenses pour se montrer introspectif. On peut alors s'appuyer sur les meilleures forces protectrices qu'à cet âge de la vie, l'adolescent peut aussi posséder : l'humour, le désir d'agir, la sublimation, l'affirmation de soi, l'identification sont des appuis importants pour le jeune, mais aussi pour leur mise en valeur par ceux qui veulent l'aider.

La clarification, l'interprétation des défenses et leur reconnaissance par l'adolescent restent néanmoins un sujet délicat. Un adolescent a plus de chances d'accepter ce que l'adulte lui dit si ce dernier considère que celui-ci souffre et cherche probablement – maladroitement – à se comprendre. Il peut éventuellement faire bon usage d'une interprétation, en comprenant que les défenses de niveau intermédiaire (celles où l'on prend sur soi) représentent une plus grande autonomie pour lui que celles du niveau « dernier recours ». Ces défenses peuvent favoriser le développement du jeune. Par exemple, la formation réactionnelle et l'intellectualisation influencent particulièrement la capacité à se montrer introspectif. Je pense ici à un adolescent qui à son retour de vacances me dit qu'il a passé une semaine seul pour réfléchir sur lui-même et pour écrire tout ce qu'il a « analysé ».

L'adolescent qui affiche des défenses de type « états limites », ce qui est souvent le cas, fait porter sa souffrance aux autres. Interpréter ce type de défenses peut davantage représenter une menace de son sentiment d'intégrité. Dans ce cas, l'interprétation risque d'interférer avec le développement d'un échange et peut compromettre le désir de changer.

Quand et comment choisir une aide

Mon but dans ce livre est d'offrir au plus grand nombre les moyens de prendre soi-même soin de soi. Mais d'expérience, je sais que certains préfèrent ou ont besoin d'un thérapeute pour se faire aider. Dans le cadre des mécanismes de protection, une psychothérapie peut être utile dans deux situations :

– S'il est incontestablement difficile de changer de style défensif, dont le poids est évident car trop souvent systématiquement utilisé et pas à bon escient.
– Si on a le sentiment de ne pas pouvoir comprendre pourquoi utiliser toute la gamme des moyens dont on dispose.

Pour autant, une psychothérapie peut être difficile à mettre en place, notamment en raison même des modalités défensives habituellement utilisées.

Sans parler des meilleures ressources protectrices qui favorisent tout travail psychothérapique comme l'auto-observation, la sublimation et la capacité de recourir à autrui, l'utilisation de l'ensemble des autres ressources peut être une source de difficultés dans le processus de changement. Du déplacement à l'isolation, de l'intellectualisation à la formation réactionnelle, de la somatisation au repli dans la rêverie, du refoulement à la fuite des problèmes, tous ces moyens peuvent gêner le déroulement du travail psychothérapique en empêchant souvent inconsciemment la personne d'accepter de changer sa manière d'être. Pour cette raison, le premier temps du travail psychothérapique consiste à repérer les stratégies défensives utilisées et à faire prendre conscience, en plus de celles qui sont assez évidentes et gênantes, de celles qui n'avaient pas été repérées.

Identifier les défenses aide la psychothérapie[1]. Les psychanalystes savent par exemple qu'une résistance au changement sert souvent à des fins de défense contre un transfert trop positif.

La personne en souffrance psychique profonde rencontre généralement trois obstacles dans la reconnaissance et l'expression de sa souffrance :

- Elle pense qu'elle doit s'en sortir par elle-même, tant il lui est difficile dans sa propre estime de soi de se sentir impuissante à comprendre les raisons qui l'amènent à être si malheureuse ou si angoissée.
- Elle ne se sent pas pouvoir être comprise par les autres. Contrairement au mal-être occasionnel qui s'explique (séparation, pression ressentie comme excessive au travail, conflit familial), la personne en souffrance psychique ne peut pas facilement expliquer pourquoi elle est en difficulté. Les raisons invoquées paraissent assez disproportionnées par rapport au handicap présenté.
- Elle culpabilise de faire ressentir ses difficultés aux autres.

Soit ces trois obstacles sont à l'origine d'attitudes défensives de « dernier recours » – retrait sur soi, clivage, projection et surtout déni –, soit ils les renforcent.

En outre, les stratégies défensives sont considérées comme une des caractéristiques repérables et différentes selon les troubles.

L'expérience montre que deux modalités défensives particulières représentent les plus gros obstacles pour entamer un véritable travail psychothérapique :

- *Une tendance projective*. Dans ce type de situation, le niveau d'alliance est vite compromis, surtout si le patient perçoit les commentaires, les conseils ou les interprétations du thérapeute comme des intrusions. Selon le mode d'intervention du thérapeute, la personne risque de se méfier, d'accentuer son mécanisme défensif projectif et ainsi d'aggraver son état.

– *Un déni* de l'inadaptation ou de la souffrance représenté par son fonctionnement défensif.

Si la configuration défensive manifeste pour une part le potentiel adaptatif du patient dans sa vie quotidienne, il est utile que le thérapeute adapte aussi ses interventions aux capacités défensives et introspectives de celui qu'il cherche à aider, avant de vouloir à tout prix les changer. Ces considérations sont d'importance. Dans quelle mesure le développement de l'alliance thérapeutique est-il déterminé par l'ajustement des interventions du thérapeute aux défenses du patient ? Ces questions, certes professionnelles, peuvent aider chacun à se « traiter » ou à aider un proche.

L'alliance thérapeutique, clé du changement

Quelle que soit sa forme, pour qu'une psychothérapie puisse être une véritable source de changement, chacun s'accorde à reconnaître que l'alliance thérapeutique doit reposer sur une alliance de travail établie entre le patient et son thérapeute. La véritable question est sans doute : à quel moment choisir la psychothérapie ?

Beaucoup de professionnels se sont interrogés sur la manière de développer une alliance de travail avec une personne insatisfaite de sa vie ou en souffrance mais qui n'est pas forcément disposée à changer son mode habituel de fonctionnement.

Plusieurs études ont porté sur les interventions du thérapeute travaillant sur les modes de défense. Elles ont montré que le nombre de fois où le thérapeute s'adresse au patient et explique l'existence de telle ou telle stratégie défensive est corrélé à l'issue thérapeutique. Plus le thérapeute travaille sur les défenses, plus l'issue de la psychothérapie est favorable. Dans l'étude de deux collègues américains, Foreman et Marmar[2], un groupe de six patients affichant une alliance initiale basse en montrent une nette amélioration lorsque les thérapeutes interprètent activement la manière dont le sujet se défend.

Parmi les études qui s'intéressent aux défenses et aux stratégies thérapeutiques pour les faire évoluer, il existe un intérêt particulier pour les patients difficiles. Selon le célèbre psychanalyste Otto Kernberg[3], la clarification et l'interprétation des défenses avec certains types de patients hypersensibles présentant un fonctionnement « limite », dont j'ai décrit les caractéristiques précédemment, doit être fournie rapidement.

En somme, à quel moment faut-il choisir une psychothérapie pour savoir mieux prendre soin de soi ? Lorsque les quatre points suivants sont présents :

- Le patient est capable de ressentir consciemment une souffrance, conséquence de ne pas savoir suffisamment bien prendre soin de soi.
- Il est capable d'exprimer ce mal-être.
- Il est capable d'identifier les manières de se défendre inappropriées, inefficaces ou déplaisantes pour soi et/ou pour les autres.
- Il est capable d'établir une communication dans le cadre d'une relation interpersonnelle avec le thérapeute.

Si ces conditions sont rassemblées, le thérapeute et le sujet ont le sentiment de pouvoir établir ensemble une alliance thérapeutique et une alliance de travail. En quoi consistent-elles ?

On distinguera trois types d'alliance : une alliance contractuelle qui consiste en un accord initial entre le sujet et le thérapeute sur les buts du traitement et leurs rôles pour y parvenir ; une alliance relationnelle consistant pour le thérapeute à chercher à être perçu comme authentique, compréhensif, attentif, fonctionnant comme un modèle pour le patient ; une alliance de travail amenant le thérapeute à donner une explication simple de sa méthode et une compréhension minimale de la dynamique du traitement, du processus en jeu et du cadre de travail.

Deux approches thérapeutiques possibles

À la question « comment choisir sa psychothérapie », la première réponse n'est pas technique, elle est humaine. Il faut avant tout se sentir bien avec le thérapeute qui vous reçoit. Ensuite, après que celui qui vous aide vous aura expliqué la technique qu'il utilise et celle qui peut, selon lui, être utilisée, mais pour laquelle il n'est pas formé, il faut se fier à son instinct de choisir ce qui paraît vous convenir le mieux.

Plusieurs types de traitement psychothérapique peuvent être proposés. Je renvoie le lecteur à l'ouvrage *Choisir sa psychothérapie. Les écoles, les méthodes, les traitements*[4]. Dans cet ouvrage, j'ai souligné avec d'autres collègues que de nombreuses formes de thérapie permettent aujourd'hui de mieux comprendre et d'améliorer nos relations aux autres. À chacun de décider celle qui peut lui convenir le mieux. Si l'on veut comprendre la manière dont on se protège et comment on pourrait améliorer son système de protection, deux approches sont le plus fréquemment utilisées.

• *L'approche psychanalytique,* basée sur l'existence de l'inconscient et de l'angoisse issue des conflits entre les trois instances psychiques : le Moi, le Surmoi et le Ça. Du point de vue psychanalytique, face à l'angoisse créée par ces conflits, le Moi se défend en mettant en place des mécanismes de défense pour une grande part inconscients. Mais des questions se posent : par exemple, comment envisager un travail analytique, utilisant par définition, comme levier possible, un appel à la régression chez un sujet qui ne demande qu'à utiliser ses tendances régressives, alors qu'il doit se dégager de l'infantile dans lequel il est encore trop fortement plongé ? Nous voyons par là que le professionnalisme est de rigueur. Est-ce pour autant qu'un travail analytique ne pourrait pas se développer ? Sûrement pas, mais le maniement de ce levier, ici la levée de la régression – il en serait de même d'autres moyens de défense – doit être fait avec prudence et au moment où le sujet donne le sentiment d'avoir un Moi suffisamment organisé apte à supporter le travail sur un retour en arrière pour ensuite mieux progresser.

Pourquoi choisir une approche psychanalytique plutôt qu'une autre approche ? Je propose deux repères de choix :

- la capacité à s'intéresser à son monde externe et aussi à son monde interne inconscient en acceptant de parler et de penser le plus librement possible, sans retenue ni rationalité, en acceptant de parler de ses rêves, de ses lapsus ou de ses actes manqués, souvent sources de significations cachées ;
- la capacité à rechercher la source profonde et souvent lointaine de ses conflits.

• *L'approche cognitivo-comportementale* constitue surtout une « pédagogie » centrée sur le repérage des pensées et des comportements défensifs (ou de *coping*) reconnus et conscients, sur leur inefficacité ou leur inadaptation à la réalité, et sur l'« apprentissage » de pensées et de comportements différents. Récemment, plusieurs auteurs s'inscrivant dans ce courant de thérapies ont proposé de s'appuyer sur un « apprentissage de la sérénité[5] » ou sur un « nouvel outil scientifique psychologique : la psychologie positive[6] ».

Pourquoi choisir une approche cognitivo-comportementale plutôt qu'une autre approche ? Je propose également deux repères de choix :
- la capacité à suivre une thérapie bien structurée ;
- la capacité à accepter la théorie psychologique et la pratique des apprentissages.

La psychothérapie intégrative

Une psychothérapie sachant intégrer ces deux approches, psychanalytique et cognitivo-comportementale, me paraît la plus adaptée pour pouvoir mieux prendre soin de soi à partir de l'analyse et de l'effort de changement de nos habitudes défensives. Il s'agit d'une psychothérapie « intégrative[7] » qui repose sur cinq objectifs majeurs que le thérapeute doit atteindre progressivement avec son patient pour l'aider à changer ses stratégies inadaptées :
- Reconnaître les modes habituels de défense qui entretiennent son anxiété.
- Abandonner progressivement ses modes de défense au profit d'autres plus efficaces.
- Reconnaître les sentiments profondément enfouis, comme l'agressivité, la culpabilité, le désir de dominer qui menacent constamment.

– Rechercher à partir de situations vécues la qualité et l'intensité des sentiments pour que le patient puisse les exprimer et être guidé vers de nouvelles stratégies défensives plus adaptées.
– Se construire de nouvelles représentations de soi et des autres ainsi que des relations d'attachement entre soi et les autres.

Dans cette psychothérapie intégrative, à une approche psychothérapique de type cognitive et comportementale s'associe donc une approche psychanalytique qui définit alors des objectifs déterminés.

La psychothérapie pour enfant

Dans les psychothérapies d'enfant, le thérapeute cherchera à donner du sens à ce que le dessin ou le jeu représente, y compris les moyens que l'enfant utilise pour gérer ses angoisses. Il analysera ce qu'a produit ou fait l'enfant. Dans les thérapies cognitivo-comportementales, cela lui permettra d'investiguer les modalités utilisées par l'enfant pour faire face à ses angoisses, les pensées, les images, les comportements et les émotions et d'en proposer de plus adaptées. Lorsque des difficultés psychologiques touchent un enfant ou un adolescent, il n'est pas rare de constater que les parents, ou plus souvent l'un des deux, se refusent à voir les difficultés qui se présentent. Cela retarde malheureusement trop souvent le soutien, l'aide ou la prise en charge qui a plus de chances de réussir si elle est envisagée précocement. Dans ce cas, il s'agit évidemment de se protéger de ce qui angoisse ou de la culpabilité possible de ne pas avoir été le « bon parent » qu'on aurait voulu être ; même si chacun sait qu'il n'y a pas de parent parfait, chacun souhaite en avoir l'image.

Chez le préadolescent et l'adolescent, la technique différera mais s'appuiera sur les mêmes principes. Le dessin ne sera plus qu'exceptionnellement utilisé, sauf chez l'adolescent qui aime dessiner et à qui on demandera s'il accepte d'apporter son dessin pour en parler. Le jeu pourra se faire sous la forme d'un jeu de rôle ou d'un psychodrame. Ici, le processus identificatoire peut jouer à plein son rôle de pilier, y compris pour le bon déroulement du traitement. Sous couvert de la fiction, la scène proposée par l'adolescent, qui peut évoquer un souvenir, un rêve ou être totalement imaginaire, est jouée par lui avec les thérapeutes à qui il attribue différents rôles correspondants, lui-même jouant son propre rôle, ou mieux encore le rôle d'un des protagonistes de la scène, à charge d'un des « psychodramatistes thérapeutes » de jouer alors son propre rôle. Chaque psychodramatiste peut ainsi tenir un rôle, en jouant volontairement tel ou tel pilier protecteur afin de permettre à l'adolescent de se rendre compte de la manière dont lui-même peut se protéger. Cette technique est utilisée en cas de difficultés d'expression verbale ou d'échec de la psychothérapie individuelle. Quelle qu'en soit la forme, la mise en scène donne lieu à des renversements de rôle, à l'utilisation du double du patient, au développement de la connaissance de soi.

CONCLUSION

« Me prenez-vous pour une éponge, Monseigneur ? »
William SHAKESPEARE, *Hamlet*, acte IV, scène II.

Pour se protéger du chant des Sirènes, Ulysse se boucha les oreilles avec de la cire et se fit enchaîner au mât du navire. Véritables paravents qui protègent de ce qui nous attire dangereusement, de nos angoisses et de nos questions sans réponse, les vingt-sept forces protectrices que j'ai présentées au long de ce livre représentent nos ressources intérieures. Certaines sont meilleures que d'autres car plus efficaces et plus agréables. L'humour est un merveilleux moyen de se protéger. Pour être moins envahis par ses émotions, on peut aussi déplacer les soucis ou les sentiments positifs trop forts qu'une personne nous inspire sur une autre personne qui nous touche moins directement : c'est un « déplacement ». On peut encore, si l'on est en proie au chagrin, écouter avec plaisir une musique qui exprimera ce sentiment douloureux et estompera les pensées personnelles négatives qu'on nourrissait : c'est la « sublimation ».

Une bonne cuirasse se construit dès l'enfance, protège et permet de poursuivre sa route tout au long de l'existence. J'ai placé volontairement au premier rang l'humour qui permet de fuir nos ruminations douloureuses par une échappatoire sans égale, le rire.

Ces ressources internes constituent à la fois notre Soi et notre sentiment d'identité. Elles séparent et relient les différentes parties de nous-mêmes pour éviter le chaos intérieur. Grâce à elles, nous nous sentons nous-mêmes, authentiques et spontanés face au monde qui nous entoure. Se sentir « réel » et suffisamment confiant est au centre de la notion du Soi[1], cela permet de trouver un équilibre face à nos contradictions. Utiles pour se confronter aux problèmes de la vie quotidienne et bien percevoir la réalité, ces ressources internes nous permettent de sentir comment on se perçoit subjectivement et dans notre relation aux autres. S'il faut savoir aimer pour vivre heureux, il faut savoir résister pour exister.

Par éducation ou par habitude, nous n'utilisons qu'une partie de nos ressources, chacun de nous plus ou moins différemment. On se prive alors de toute la gamme dont on pourrait mieux profiter.

Pourtant, toutes ces forces intérieures, dont tout être humain dispose peu à peu, protègent et nous donnent les moyens de réagir aux événements inattendus, désirés ou non désirés, aux sentiments et aux situations qui menacent nos habitudes. Utiliser l'ensemble de ses ressources justifie de bien les connaître pour les mobiliser le moment venu. Les souvenirs de nos expériences, la manière de les gérer, notre mémoire autobiographique constituent notre carte d'identité intime et personnelle.

Véritable langage implicite de notre esprit, de nos comportements et de notre corps, nous ne prenons conscience de nos moyens de nous protéger que lorsqu'ils nous échappent ou nous font souffrir. Ceux qui nous entourent les remarquent alors facilement. La plupart du temps, certains font tellement partie de notre manière d'être qu'ils se manifestent, à plus ou moins bon escient, au-delà ou en deçà de notre volonté.

Nous avons aussi parfois tendance à utiliser un de ces piliers apparemment protecteurs de façon excessive ou immature, ce qui est source de difficultés. Il faut savoir dire non à la soumission ; le faire insuffisamment nous opprime, mais trop le faire nous isole. L'indépendance affirmée avec excès peut être source de solitude. Ainsi, une même défense selon son degré d'intensité peut aider ou bien nuire. L'utilisation exclusive et excessive d'un seul moyen pour se protéger lorsqu'on se trouve temporairement débordé représente un mésusage de nos ressources intérieures. Si face à quelque difficulté que ce soit nous avons tendance à nous plonger trop facilement dans une rêverie personnelle ou, à l'inverse, si nous ne savons que passer à l'acte impulsivement, nous perdons la richesse que constitue la variété des capacités d'adaptation.

Il faut parfois savoir utiliser des ressources qui sont moins faciles d'accès, aller les chercher au fond de soi pour pouvoir mieux se défendre. La maxime de la dynastie des Stuart était : « *Virescit, Vulnere, Virtus* », ou : « Le courage se renforce avec les blessures » ; blessures que nous ressentons sur le moment comme une difficulté d'être. Oui, notre Soi se renforce grâce à l'utilisation parfois laborieuse de toutes nos forces intérieures et cela quel que soit l'âge. Un bébé qui s'adapte bien à son environnement se développe mieux ; une personne âgée qui fait de même vit une vieillesse plus agréable et plus longue. Le créateur du fameux doudou, l'objet transitionnel par excellence du jeune enfant, notait : « L'angoisse ne fait pas que sous-tendre le symptôme névrotique, mais donne également force et qualité aux manifestations de la santé[2]. » En mobilisant nos forces internes protectrices tout au long de notre vie, nous manifestons notre bonne santé en prenant mieux soin de nous. Cela est essentiel pour préserver notre espace personnel et défendre ainsi notre existence.

Tous ces piliers que nous avons construits au cours de notre développement sont là, prêts à être utilisés au bon moment, si nous les recherchons. Je me souviens de ce romancier rencontré en fin de soirée qui me raconta comment il s'était sorti d'une conversation avec son voisin de table qui l'ennuyait. Ce dernier voulait à tout prix paraître aimable, mais ses mots sonnaient faux. Mon écrivain ne savait comment réagir pour se débarrasser de cet importun. Il l'écouta longuement, patiemment, chercha ce qu'il pouvait faire, et il trouva : l'humour. C'était la solution, il devait faire preuve d'esprit, s'en sortir par une formule spirituelle qui mettrait fin à une conversation insipide qui durait déjà depuis trop longtemps. Mais l'inspiration ne venait pas. Tout à coup, son voisin lança : « Savez-vous que j'ai acheté votre dernier livre ? » Il saisit la perche aussitôt et rétorqua, d'une voix douce, mais ferme : « Ah... c'était donc vous... » La formule le soulagea. Elle mit aussi rapidement un terme à la conversation.

L'insuffisance de l'utilisation potentielle de toute la gamme est un indicateur de difficultés psychologiques. On le sait scientifiquement aujourd'hui. Les hypersensibles le savent par expérience !

Chacun se doit donc de connaître l'ensemble des moyens de protection que les recherches récentes en psychologie ont découverts et validés. J'ai proposé dans ce livre une méthode pour les découvrir et les mobiliser soi-même, prenant en cela modèle sur ce que font depuis longtemps les professionnels de la psychologie pour permettre à chacun de prendre soin de soi. Connaître toute la gamme des défenses, c'est se donner la chance de prendre mieux soin de soi, c'est aussi donner, dès le plus jeune âge, à ses enfants la possibilité d'utiliser les meilleurs moyens de se construire durablement.

Dès tout petit et jusqu'à un âge avancé, par moments nous sommes « limites », parfois nous dérapons, parfois même nous craquons. Lorsque nous sommes capables de nous défendre en décidant d'agir ou de nous affirmer, nous nous appuyons sans le savoir sur nos forces protectrices les plus efficaces. Lorsque nous ne nous sentons plus capables, plutôt que subir notre « destin » ou la « maltraitance » des autres, cherchons au fond de nous les ressources qui nous seraient alors utiles, appuyons-nous sur ces ressorts qui sont en nous et que nous ne reconnaissons pas toujours. Et n'ayons pas peur de prendre soin de nous sans tomber dans l'individualisme excessif ou le nombrilisme. L'humain n'est-il pas le dernier recours face au désenchantement du monde ?

De l'humour au déni, de la sublimation à la projection, j'ai présenté et illustré toutes ces ressources dans ce livre. Sept d'entre elles sont considérées comme les meilleures. Elles favorisent particulièrement la réussite amoureuse, familiale, professionnelle et sociale. L'autre découverte réside dans le fait que selon les circonstances toutes peuvent néanmoins être utiles. Les travaux sur ce sujet le confirment. Ainsi devenir suffisamment fort permet d'aimer, d'aider les autres et de réussir sa vie.

ANNEXE I

LES PRINCIPALES DÉFENSES

Action : Recourir à l'action utile et réfléchie, sans tomber dans l'activisme ou céder au passage à l'acte impulsif.

Affirmation de soi : Exprimer clairement et directement ses sentiments et ses souhaits sans angoisse excessive ou culpabilité.

Agression passive : Exprimer son ressentiment par une position passive et une manière détournée d'atteindre l'autre.

Altruisme : Pratiquer la générosité pour trouver de la satisfaction en soi.

Anticipation : Imaginer des solutions ou des situations futures susceptibles d'atténuer le stress engendré par la prévision de problèmes à venir.

Annulation rétroactive : Annuler, après énonciation, certaines représentations pénibles au moyen d'actes ou de pensées qui sont mis à la place.

Auto-observation : Se donner le temps de la réflexion pour ne pas réagir trop affectivement ou impulsivement.

Clivage : Considérer les autres, et soi-même, comme entièrement bons ou entièrement mauvais, avec uniquement des qualités ou uniquement des défauts, mais jamais les deux ensemble.

Déni : Nier, partiellement ou totalement, la réalité, psychique ou externe, d'une perception liée à une représentation pénible. Peut aller jusqu'au délire, c'est-à-dire à la création d'une néoréalité plus acceptable.

Déplacement : Séparer une représentation pénible de son affect, l'affect étant reporté, par connexion associative, sur une autre représentation plus acceptable.

Formation réactionnelle : Retirer l'énergie portant sur des représentations inquiétantes pour la contre-investir dans un comportement acceptable et diamétralement opposé.

Fuite : S'épargner la rencontre d'une représentation pénible de soi et/ou des autres.

Humour : Parvenir à éviter une situation pénible pour soi ou pour les autres grâce à une plaisanterie ou à un mot d'esprit.

Idéalisation : Attribuer à soi ou à autrui des qualités exagérées. La dépréciation est l'attitude défensive inverse.

Identification : S'attribuer inconsciemment un aspect de l'autre que l'on désire posséder par l'attrait qu'il représente pour soi.

Intellectualisation, rationalisation : Contrôler, par un usage excessif de réflexion, de généralisation ou d'abstraction, les représentations gênantes pour éviter de ressentir ce qu'on éprouve en réalité. À un degré de plus, c'est la rationalisation qui, à la différence de l'intellectualisation, déforme la réalité : les pensées et les sentiments internes sont dissimulés derrière des explications rassurantes, mais erronées et parfois même incompréhensibles aux autres.

Isolation : Séparer la représentation pénible de son affect, l'affect étant refoulé tandis que la représentation demeure consciente, mais privée de toute connexion associative.

Mise à l'écart : Éviter de penser momentanément aux choses désagréables.

Passage impulsif à l'acte : Substituer à la réflexion ou au vécu des sentiments un acte impulsif destiné à décharger les tensions.

Projection : Refuser les sensations pénibles et agressives que l'on ressent en les attribuant aux autres ou au monde extérieur. Processus qui peut aller jusqu'à la haine, le sentiment de persécution et le délire.

Recours à autrui : Être capable de rechercher l'aide et le soutien de quelqu'un d'autre que soi pour faire face à une situation difficile.

Refoulement : Rejeter et conserver dans l'inconscient les représentations inacceptables. C'est le mécanisme le plus général chez l'être humain et le plus anciennement décrit.

Régression : Retourner aux stades antérieurs de l'enfance.

Rêverie solitaire : Recourir à son imaginaire, à ses fantasmes, pour contrebalancer l'angoisse suscitée par la réalité telle qu'on la perçoit.

Séduction : Apaiser ses tourments ou la crainte de l'autre en suscitant un intérêt, un attrait ou une complicité.

Somatisation : Utiliser son corps pour exprimer une plainte ou un mal-être et ainsi demander de l'aide.

Sublimation : Détourner la satisfaction interdite des pulsions vers une activité ou une réalisation acceptable et socialement valorisée.

ANNEXE II

SAVOIR ÉVALUER SES 27 MANIÈRES DE RESTER SOI-MÊME

Selon une adaptation du questionnaire des styles de défense de M. Bond[1]

		Pas du tout	Un peu	Souvent	Toujours
Je me mets souvent dans des situations frustrantes et je ne sais pas pourquoi.	Refoulement				
Je suis souvent amené(e) à agir impulsivement.	Passage à l'acte				
J'agis souvent impulsivement lorsque quelque chose me dérange.	Passage à l'acte				
Souvent je vais tellement loin que les autres doivent m'imposer des limites.	Passage à l'acte				
Je deviens ouvertement agressif(ve) lorsque je me sens blessé(e).	Passage à l'acte				

		Pas du tout	Un peu	Souvent	Toujours
Lorsque je me sens mal, j'essaie d'être avec quelqu'un.	Recours à autrui				
Si j'étais en crise, je chercherais une autre personne ayant eu le même problème.	Identification				
Les gens me qualifient souvent de personne boudeuse.	Agression passive				
Je me repère sur un plan avant de me rendre à un rendez-vous.	Anticipation				
Je suis souvent en retard aux rendez-vous.	Agression passive				
Lorsque je suis fâché(e), je me moque de moi-même.	Humour				
Si mon patron m'embête, il peut m'arriver de faire une erreur dans mon travail ou de travailler plus lentement afin de lui rendre la monnaie de sa pièce.	Agression passive				
Après m'être battu pour défendre mes droits, j'ai tendance à m'excuser de m'être affirmé.	Annulation rétroactive				
J'ai des habitudes ou des manies que je me sens forcé à faire sinon quelque chose de terrible risque d'arriver.	Annulation rétroactive				
Si j'ai une pensée agressive, je ressens le besoin de faire quelque chose pour ne plus y penser.	Annulation rétroactive				
Lorsque je sais que je devrai affronter une situation difficile, comme un examen ou un entretien d'embauche, j'essaie d'imaginer comment ça va se passer et je planifie les moyens pour y faire face.	Anticipation				
Si je peux prévoir que je vais être triste, je suis capable de mieux faire face.	Anticipation				

		Pas du tout	Un peu	Souvent	Toujours
Parfois, je pense que je suis un ange et d'autres fois que je suis un démon.	Clivage				
Les gens sont soit bons soit mauvais.	Clivage				
Il est faux de dire « qu'il y a un peu de bon à l'intérieur de chaque personne ». Si vous êtes mauvais, vous êtes entièrement mauvais.	Clivage				
Lorsque je me sens déprimé(e) ou anxieux(se), je lis un roman, je vais au cinéma ou au théâtre.	Sublimation				
Je prends de la drogue, des médicaments ou de l'alcool quand je suis tendu(e).	Fuite				
Quand je suis nerveux(se), j'essaie de penser momentanément à autre chose.	Mise à l'écart				
Les gens disent que je fais l'autruche, avec ma tête enfouie dans le sable. Autrement dit, j'ai tendance à ignorer les faits déplaisants comme s'ils n'existaient pas.	Dénégation, déni				
Je n'ai peur de rien.	Déni				
Ma philosophie est la suivante. « N'écoute pas le mal, ne fais pas le mal, ne vois pas le mal. »	Intellectualisation				
Je serais très nerveux(se) si je ratais l'avion.	Anticipation				
Si quelqu'un m'assaillait et me volait mon argent, je préférerais qu'il soit aidé plutôt que puni.	Formation réactionnelle				
J'aime agir plutôt que d'attendre que les choses s'arrangent.	Action				
J'essaie d'être aimable avec les gens que je n'aime pas.	Formation réactionnelle				

		Pas du tout	Un peu	Souvent	Toujours
Je me surprends souvent à être gentil avec des personnes contre lesquelles j'aurais tous les droits d'être en colère.	Formation réactionnelle				
On ne devrait jamais se mettre en colère contre les gens que l'on n'aime pas.	Altruisme				
Quand je suis angoissé(e), je pars marcher ou je me mets à travailler	Action				
Mes médecins ne sont pas capables de comprendre tous mes petits maux qui changent tout le temps.	Somatisation				
Peu importe ce que je réclame, je ne reçois jamais de réponse satisfaisante.	Agression passive				
Je suis capable de rire des autres assez facilement.	Humour				
Mes amis me trouvent amusant et même intelligent.	Affirmation de soi				
Je suis habituellement capable de voir le côté drôle d'une situation par ailleurs embarrassante.	Humour				
J'ai toujours l'impression que quelqu'un de mon entourage joue le rôle d'ange gardien pour moi.	Recours à autrui				
On peut toujours trouver quelqu'un qui sait tout faire.	Idéalisation				
Quelqu'un est en train de me déposséder émotionnellement de tout ce que je ressens.	Projection				
Je suis très gêné lorsqu'il s'agit de défendre mes droits devant les gens.	Agression passive				
Je ne me donne jamais à fond dans une compétition.	Affirmation de soi				

		Pas du tout	Un peu	Souvent	Toujours
Je suis une personne qui aime plaire quand je ne suis pas sûr(e) de moi.	Séduction				
J'ai peur d'être plus agressif avec les gens que je ne connais pas.	Déplacement				
Je n'ai pas de souvenirs d'enfance.	Refoulement				
Lorsque quelqu'un qui m'est proche meurt, je ne me sens pas bouleversé(e).	Isolation				
On me dit souvent que je ne montre pas mes sentiments.	Isolation				
Quand j'ai un problème, je m'interroge sur moi-même.	Auto-observation				
J'ai souvent l'impression de ne rien ressentir, alors même que la situation devrait engendrer de fortes émotions.	Isolation				
De temps en temps, je remets au lendemain ce que je devrais faire le jour même.	Mise à l'écart				
De temps en temps, je pense à des choses trop violentes pour en parler.	Fuite				
Il m'arrive de rire d'une plaisanterie sur moi-même.	Humour				
À l'occasion, je me fâche.	Affirmation de soi				
Quand je ne me sens pas bien, je sens systématiquement les autres agressifs.	Projection				
J'aime aider les autres, ça me fait du bien quand je me déprime.	Altruisme				

		Pas du tout	Un peu	Souvent	Toujours
Un licenciement injustifié me rendrait autonome.	Annulation rétroactive				
Au jeu, je préfère gagner plutôt que perdre.	Affirmation de soi				
Quand je suis fatigué(e), je ne lis plus que des bandes dessinées.	Régression				
J'ai des amis supérieurs à la plupart des gens que je connais.	Idéalisation				
Pour me rassurer je pense qu'enfant j'aimais être Superman.	Régression				
J'aime souvent partir dans mes rêveries quand la réalité m'angoisse.	Rêverie solitaire				
Je me sens souvent à l'aise avec les gens avec lesquels je me trouve, même si je dois leur refuser quelque chose.	Affirmation de soi				
On me dit que j'ai de l'humour.	Humour				
Dès que je suis en conflit, je suis vraiment doué(e) pour trouver les gens supérieurs à moi.	Dévalorisation				
On me traite toujours injustement.	Projection				
Les gens ont tendance à me maltraiter.	Projection				
On me dit que j'ai un complexe de persécution.	Projection				
Je tends à être sur mes gardes avec des gens qui s'avèrent être plus amicaux que je ne l'aurais soupçonné.	Projection				
Tout le monde est contre moi.	Projection				
Les gens ont tendance à dire du mal de moi.	Projection				

		Pas du tout	Un peu	Souvent	Toujours
Je suis persuadé(e) qu'on a besoin des autres.	Recours à autrui				
Je ne suis pas responsable de la plupart des choses qui m'arrivent.	Projection				
J'aime planifier mon travail.	Anticipation				
Je tire de la satisfaction à aider les autres et si cette possibilité m'était enlevée, je me sentirais déprimé(e).	Altruisme				
J'agis comme un enfant lorsque je suis frustré(e).	Régression				
Je me dis volontiers « courage fuyons ».	Fuite				
Je suis capable de mettre un problème de côté jusqu'à ce que j'aie du temps pour m'en occuper.	Mise à l'écart				
Me consacrer à une nouvelle tâche m'empêche de me sentir déprimé(e) ou anxieux(se).	Action				
Je m'isole pour réfléchir quand j'ai un problème.	Auto-observation				
Quand je suis en colère, j'attends que ça passe.	Mise à l'écart				
Je pense que beaucoup de gens intelligents sont anxieux ou pessimistes.	Identification				
Je règle mes problèmes en partant dans mes rêveries.	Rêverie solitaire				
Je deviens physiquement malade quand les choses ne vont pas bien pour moi.	Somatisation				
J'ai des maux de tête lorsque je dois faire quelque chose que je n'aime pas.	Somatisation				

		Pas du tout	Un peu	Souvent	Toujours
Je fais disparaître mes tensions en faisant quelque chose de constructif et de créatif comme la peinture ou le travail sur bois.	Sublimation				
Quand je travaille dur, je me sens mieux.	Action				
J'aime agir.	Action				

Pour chaque proposition, répondez par : pas du tout (un point) – un peu (deux points) – souvent (trois points) – toujours (quatre points).

Le nombre total de points obtenus en additionnant les scores de toutes les défenses appartenant à un groupe vous permettra de définir votre style dominant :

— *Le style « efficacité maximale »* (humour, sublimation, auto-observation, affirmation de soi, anticipation, action, recours à autrui).

— *Le style « prise sur soi »* (identification, refoulement, mise à l'écart, séduction, altruisme, intellectualisation, déplacement, fuite, isolation, formation réactionnelle, annulation rétroactive, rêverie autistique, somatisation, idéalisation et dépréciation).

— *Le style « dernier recours »* (passage à l'acte, agressivité passive, la régression, clivage, projection, déni).

À vous de jouer !

NOTES

INTRODUCTION

1. Kapsamlbelis V., *L'Angoisse,* Paris, PUF, 2007.

Première partie
À LA DÉCOUVERTE DE SOI

Chapitre 1
TROUVER ET MOBILISER SES FORCES INTÉRIEURES

1. Les spécialistes parlent aussi pour les désigner de mécanisme de *coping,* c'est-à-dire de manière de faire face.
2. Dehaene S., *Vers une science de la vie mentale,* Paris, Collège de France/ Fayard, 2006.
3. American Psychiatric Association, *DSM-IV,* traduction française Guelfi J.-D. et coll., Paris, Masson, 1996.
4. Freud S., « Les psychonévroses de défense », in *Névrose, psychose et perversion,* Paris, PUF, 1894/1974.
5. Freud A., *Le Moi et les mécanismes de défense,* Paris, PUF, 1936/1993.
6. Vaillant G. E., *The Wisdom of the Ego,* Cambridge, Harvard University Press, 1993.

Chapitre 2
LES SEPT MEILLEURS MOYENS D'ÊTRE SOI-MÊME

1. Jul, *Sylex and the City,* Paris, Dargaud, 2009.
2. André C., « Pourquoi les Français plébiscitent les humoristes », Débats et opinions, *Le Figaro,* 30 décembre 2009.

3. Freud S., « L'humour », *in L'Inquiétante Étrangeté et autres essais*, Paris, Gallimard, 1928/1987.
4. De Mijolla-Mellor S., *La Sublimation*, Paris, PUF, « Que sais-je ? », 2005.
5. Andreas-Salomé L., *Journal*, 11 mai 1913.
6. Guillaumin J., *Psychanalyse du génie créateur*, en collaboration avec D. Anzieu, M. Mathieu, M. Besdine, E. Jacques, Paris, Dunod, 1974.
7. Cyrulnik B., *Un merveilleux malheur*, Paris, Odile Jacob, 1999.
8. Beigbeder F., *Un roman français*, Paris, Grasset, 2009.
9. Rérolle R., « Herta Müller, Nobel sauvée par l'écriture », *Le Monde*, 1er décembre 2009.
10. Rank O. (1911), « Une contribution au narcissisme », trad. fr. *in Topique*, Paris, *L'Épi*, n° 14, 1974, p. 29-49.
11. Stroobants J.-P., « Portrait d'une société moderne en pertes de sens », *Le Monde*, 28 août 2009.
12. Pitt B., Deldin P. J., « Depression and cardiovascular disease : Have a happy day – just smile ! », *Eur. Heart J.*, 2010.
13. Winnicott C., « Donald Winnicott en personne », *L'Arc*, 1977, 69, p. 29-38.
14. Bruchon-Schweitzer M., Dantzer R., *Introduction à la psychologie de la santé*, Paris, PUF, 1994.
15. Vaillant G. E., *Adaptation to Life*, Boston, Little, Brown, 1977.
16. Vaillant G. E., *The Wisdom of the Ego*, *op. cit.*
17. Vaillant G. E. et Vaillant C., « Determinants and consequence of creativity in a cohort of gifted women », *Psychology of Women Quarterly*, 1990, 14, p. 607-616.
18. Cramer P. et Tracy A., « The pathway from child personality to adult adjustement : The road is not straight », *Journal Research in Personality*, 2005, 39, p. 369-394.
19. Costa P. T., Zonderman A. B. et McCrae R. R., « Personality defense, coping and adaptation in older aldulthood », *in* M. Zeiner et N. S. Endler (éds), *Handbook of Coping. Theory, Research, Applications*, Oxford, Wiley, 1991.

Chapitre 3
PRENDRE SUR SOI : UNE AUTRE MANIÈRE D'EXISTER

1. Freud A., *Le Moi et les mécanismes de défense*, Paris, PUF (1936), 1993.
2. Laplanche J., *Entre séduction et inspiration : l'homme*, Paris PUF, 1999.
3. Anderson M. C. et coll, « Neutral systems underlying the suppression of unwanted memories », *Science*, 2004, 303, p. 232-235.
4. Castel A. D., Balota D. A., McCabe D. P., *Neuropsychology*, 2009, 23, p. 297-306.
5. Sandler J., *L'Analyse des défenses. Entretiens avec Anna Freud*, Paris, PUF, 1985/1989.
6. Magris C., *Loin d'où ? Joseph Roth et la tradition juive-orientale*, Paris, Seuil, 2009.
7. Ionescu S., Jacquet M.-M. et Lhote C., *Les Mécanismes de défense*, Paris, Armand Colin, « Cursus », 2005.
8. Nietzsche F., *La Volonté de puissance*, Paris, Le Livre de poche, 1991.
9. Beigbeder F., *Un roman français*, *op. cit.*

10. Bergeret J., *Psychologie pathologique,* Paris, Masson, 1986.
11. Ionescu S., Jacquet M.-M. et Lhote C., *Les Mécanismes de défense, op. cit.*
12. Widlöcher D., *Métapsychologie du sens,* Paris, PUF, 1986.
13. Taylor C. J., « La pensée opératoire et le concept d'alexithymie », *Revue française de psychanalyse,* 54 (3), p. 769-783.
14. Winnicott D., *La Crainte de l'effondrement et autres situations cliniques,* Paris, Gallimard, 2000.

Chapitre 4
NOS DERNIERS RECOURS

1. Balint M., *Le Défaut fondamental,* Paris, Payot, 1968/1971.
2. Hourdé D., *Dogon,* Catalogue de l'exposition de la galerie Ratton-Hourdé, 2005.

Chapitre 5
TOUS PAREILS, TOUS DIFFÉRENTS

1. Cooper C. L. et Payne R., *Personality and Stress : Individual Differences in the Stress Process,* New York, John Wiley, 1991.
2. Küchenhoff J., *The Interaction of Psychological and Somatic Factors During the Course of the Disease,* Stuttgart, Enke, 1993.
3. Brody L. R., « Gender differences in emotional development : A review of theories and research », *J. of Personality,* 1985, 53, p. 102-145.
4. Conte H. R. et Apter A., « The life style index : a self report measure of ego defenses », *in* H. R. Conte et R. Plutchik (éds), *Ego Defenses Theory and Measurement,* New York, John Wiley and Sons Inc, 1995.
5. Loevinger J., Le-Xuan H., *Ego Development : Conceptions and Theories,* San Francisco, Jossey-Bass Inc, 1976.
6. Braconnier A., *Le Sexe des émotions,* Paris, Odile Jacob, 1996.
7. Hibbard S. et coll., « Differential validity of the defense mechanism. Manual for the TAT between Asian Americans and Whites », *J. of Personality Assessment,* 2000, 75, p. 351-372.

Chapitre 6
LA ROUTE DU SOI : DU BÉBÉ À L'ÂGE ADULTE

1. Phillips A., *Trois Capacités négatives,* Paris, L'Olivier, 2009.
2. Golse B., *Du corps à la pensée,* Paris, PUF, 1999.
3. Missonnier S., *Devenir parent, naître humain,* Paris, PUF, 2009.
4. George G., *La Confiance en soi de votre enfant,* Paris, Odile Jacob, 2007.
5. Laplanche J. et Pontalis J.-B., *Vocabulaire de la psychanalyse,* Paris, PUF, 1967.
6. Cramer P., *The Development of Defensive Mechanisms : Theory, Research and Assessment,* New York, Spinger-Verlag, 1991.
7. Jouvent R., *Le Cerveau magicien,* Paris, Odile Jacob, 2009.

8. *Ibid.*
9. Phillips A., *Trois Capacités négatives, op. cit.*
10. Freud S. (1933), « La décomposition de la personnalité psychique », *Nouvelle Conférence d'introduction la psychanalyse,* Paris, Gallimard, 1984.
11. Klein M. (1952), *Développement de la psychanalyse,* Paris, PUF, 1980.
12. Spitz R., « Quelques prototypes précoces de défense du moi », *Revue française de psychanalyse,* 1964, 28 (2), p. 185-208.
13. Lichtenberg J. D., *Psychoanalysis and Infant Research,* Hillsdale (NJ), The Analytic Press, 1983.
14. Kestemberg E., « Contribution à la perspective génétique en psychanalyse », *Revue française de psychanalyse,* 1966, 30 (5-6), p. 441-522.
15. Denis P., *Éloge de la bêtise,* Paris, PUF, 2001.
16. Debesse M., *La Crise d'originalité juvénile,* Paris, PUF, 1936.
17. Meltzer D., *Les Structures sexuelles de la vie psychique,* Paris, Payot, 1977.
18. Masterson J. F., *The Psychiatric Dilemma of Adolescence,* Boston, Little Brown Co, 1967.
19. Droit R.-P., « Pascal, l'effrayant génie », *Le Point,* 6 août 2009.
20. Erikson S. et coll., « Defense mechanisms and ajustement in normal adolescents », *Am. J. Psychiatry,* 1996, 153, p. 826-828.

Deuxième partie
UTILISER TOUTES NOS RESSOURCES DANS LA VIE COURANTE

Chapitre 7
BIEN VIVRE AVEC LES AUTRES

1. Sandler J., *L'Analyse des défenses. Entretiens avec Anna Freud,* Paris, PUF, 1989.
2. Vaillant G. E., *The Wisdom of the Ego, op. cit.*
3. Deutsch H., *La Psychologie des femmes,* Paris, PUF, 1953.
4. Winnicott D., *Le Concept de faux self. Conversations ordinaires,* Paris, Gallimard, 1988.
5. Cramer P., « Identification and its relation to identity development », *J. of Personality,* 2001, 69, p. 667-688.
6. Thienemann M., Shaw R., Steiner H., « Defense styles and family environment », *Child Psychiatry and Human Development,* 1997, 28 (3), p. 189-198.
7. Vaillant G. E., *The Wisdom of the Ego, op. cit.*
8. Cramer P. *The Development of Defense Mechanisms : Theory, Research and Assessment, op. cit.*
9. Ungerer J.A., Waters B., Barnett B. et Dolby R., « Defense Style and adjustement in interpersonal relationships », *Journal of Research in Personality,* 1997, 31, p. 375-384.

10. Conférence prononcée à la British Psychological Society par la psychologue Emma Donaldson-Feilder en 2009, rapportée par le *Quotidien du médecin*, 18 janvier 2010.
11. Truong N., « L'emprise diffuse de l'entreprise », *Le Monde de l'éducation*, mai 1998.
12. Braconnier A., « Les habiletés de "coaching" du dirigeant », *in* J.-J. Bourque, F. Lelord et coll., *L'Âme de l'organisation*, Montréal, Éditions Québec Amérique, Presses HEC, 1999, p. 207-222.
13. Albert E. et Émery J.-L., *Le Manager est un psy*, Paris, Éditions d'organisation, 1998.
14. Saunder L., *L'Énergie des émotions*, Paris, Éditions d'organisation, 2007.
15. Dejours C., *Le Facteur humain*, Paris, PUF, 2008.
16. Sadock V., « L'enjolivement de la réalité, une défense féminine ? Étude auprès des auxiliaires puéricultrices », *Travailler*, 2003, 10, p. 93-106.
17. Molinier P. et Welzerlang D., « Féminité, masculinité, virilité », *Dictionnaire critique du féminisme*, Paris, PUF, 2004.
18. Citons en particulier l'Omsad, Observatoire médical du stress, de l'anxiété et de la dépression proposé par l'institut IFAS.

Chapitre 8
VIVRE DES ÉVÉNEMENTS PARTICULIERS DE LA VIE

1. David C., *L'État amoureux*, Paris, Payot, 1971.
2. Widlöcher D., *Les Logiques de la dépression*, Paris, Fayard, 1983.
3. Schmidt L. R., « Coping with surgical stress : Some results and some problems », *in* S. Maes et C. Spielberger (dir.), *Topics in Health Psychology*, New York, John Wiley, 1988.
4. Dantchev N., « Stratégie de "coping" et pattern A coronarogène », *Revue de médecine psychosomatique*, 1989, 17/18, p. 21-30.
5. Küchenhoff J., *Psychosomatics of Crohn's Disease. The Interaction of Psychological and Somatics Factors during the Course of the Disease*, Stuttgart, Enke, 1993.

Chapitre 9
DES PETITES AUX GRANDES FOLIES

1. Les intertitres suivants reprennent des titres de chansons françaises. Ceux que cela amuse pourront en rechercher les auteurs.
2. Cottraux J., *La Force avec soi*, Paris, Odile Jacob, 2007.
3. Widlöcher D., *Les Logiques de la dépression*, *op. cit*.
4. Bloch A., Shear K., Markowitz J., Leon A. et Perry J. C., « An empirical study of defense mechanisms », *Am. J. of Psychiatry*, 1993, 150, p. 1194-1198.
5. Akkerman K. et coll., « Changes in ego defenses with recovery from depression », *The Journal of Nervous and Mental disease*, 1992, 180 (10), p. 634-638.
6. Corcos M., Flament M., Jeammet P., *Les Conduites de dépendance*, Paris, Masson, 2003.

Troisième partie
PRENDRE SOIN DE SOI, AIDER LES AUTRES À PRENDRE SOIN D'EUX

Chapitre 10
JOUER INTELLIGEMMENT AVEC SOI

1. Gaulejac V. de, *Qui est « je » ?*, Paris, Seuil, 2009.
2. Gide A., *Journal*, tome 1, *1887-1925*, Paris, Gallimard, « Bibliothèque de la Pléiade », 1996.
3. Watzlawick P., *Faites vous-même votre malheur*, Paris, Seuil, 1984.

Chapitre 11
AIDER LES AUTRES À PRENDRE SOIN D'EUX

1. Perry J. C., Bond M., « Defensive functioning », *in* J. Oldham, A. Skodol et D. Bender, *Text Book of Personality Disorders*, Washington, The American Psychiatric Publishing, 2005.
2. Foreman, S., Marmar, C. R. (1985), « Therapist actions that address initially poor therapeutic alliances in psychotherapy », *American Journal of Psychiatry*, 142, p. 922-926.
3. Kernberg O., « Technical considerations in the treatment of borderline personality organisation », *Journal of Psychoanalyis Assessment*, 1976, 24, p. 795-829.
4. Widlöcher D., Marie-Cardine M., Braconnier A., Hanin B., *Choisir sa psychothérapie. Les écoles, les méthodes, les traitements*, Paris, Odile Jacob, 2006.
5. André C., *Les États d'âme*, Paris, Odile Jacob, 2009.
6. Cottraux J., *La Force avec soi, op. cit.*
7. McCullough L., Vaillant G. E., *Changing Character*, New York, Basic Books, 1997.

CONCLUSION

1. Abram J., *The Language of Winnicott*, Londres, Karnac Books, 1996.
2. Winnicott D. W., *La Nature humaine*, Paris, Gallimard, 1990.

Annexes II
SAVOIR ÉVALUER SES 27 MANIÈRES DE RESTER SOI-MÊME

1. Bond M., Wesley S., *Manual for the Defense Style Questionnaire*, Montréal, Québec, McGill University, 1996.

RÉFÉRENCES BIBLIOGRAPHIQUES

Abram J., *The Language de Winnicott,* Londres, Karnac Books, 1996.

Akkerman K. et coll., « Changes in ego defenses with recovery from depression », *The Journal of Nervous and Mental disease*, 1992, 180 (10), p. 634-638.

Albert E. et Émery J.-L., *Le Manager est un psy*, Paris, Éditions d'organisation, 1998.

American Psychiatric Association, *DSM-IV, Manuel diagnostique et statistique des troubles mentaux,* traduction française Guelfi J.-D. et coll., Paris, Masson, 1996.

Anderson M. C. et coll., « Neutral systems underlying the suppression of unwanted memories », *Science*, 2004, 303, p. 232-235.

André C., *Les États d'âme*, Paris, Odile Jacob, 2009.

André C., « Pourquoi les Français plébiscitent les humoristes », Débats et opinions, *Le Figaro,* 30 décembre 2009.

Andreas-Salomé L., *Journal,* 11 mai 1913.

Balint M., *Le Défaut fondamental,* Paris, Payot, 1971.

Beigbeder F., *Un roman français,* Paris, Grasset, 2009.

Bergeret J., *Psychologie pathologique,* Paris, Masson, 1986.

Bloch A., Shear K., Markowitz J., Leon A., Perry J. C., « An empirical study of defense mechanisms », *Am. J. of Psychiatry*, 1993, 150, p. 1194-1198.

Braconnier A., *Le Sexe des émotions*, Paris, Odile Jacob, 1996.

Braconnier A., « Les habiletés de "coaching" du dirigeant », *in* J.-J. Bourque, F. Lelord et coll., *L'Âme de l'organisation*, Montréal, Éditions Québec Amérique, Presses HEC, 1999, p. 207-222.

Brody L. R., « Gender differences in emotional development : A review of theories and research », *Journal of Personality,* 1985, 53, p. 102-145.

Bruchon-Schweitzer M., Dantzer R., *Introduction à la psychologie de la santé,* Paris, PUF, 1994.

Castel A. D., Balota D. A., McCabe D. P., *Neuropsychology*, 2009, 23, p. 297-306.

Conte H. R., Apter A., « The Lifestyle index : A self report measure of ego defense », *in* H. R. Conte et R. Plutchik (éds), *Ego Defense Theory and Measurement*, New York, John Wiley and Sons Inc, 1995.

Cooper C. L., Payne R., *Personality and Stress : Individual Differences in the Stress Process*, New York, John Wiley, 1991.

Corcos M., Flament M., Jeammet P., *Les Conduites de dépendance*, Paris, Masson, 2003.

Costa P. T., Zonderman A. B. et McCrae R. R., « Personality defense, coping and adaptation in older aldulthood », *in* M. Zeiner et N. S. Endler (éds), *Handbook of Coping : Theory, Research, Applications*, Oxford, Wiley, 1991.

Cottraux J., *La Force avec soi*, Paris, Odile Jacob, 2007

Cramer P., *The Development of Defense Mechanisms : Theory, Research and Assessment*, New York, Springer-Verlag, 1991.

Cramer P., Tracy A., « The pathway from child personality to adult adjustement : The road is not straight », *Journal Research in Personality*, 2005, 39, p. 369-394.

Cramer P., « Identification and its relation to identity development », *J. of Personality*, 2001, 69, p. 667-688.

Cyrulnik B., *Un merveilleux malheur*, Paris, Odile Jacob, 1999.

Dantchev N., « Stratégie de "coping" et "pattern A" coronarogène », *Revue de médecine psychosomatique*, 1989, 17/18, p. 21-30.

David C., *L'État amoureux*, Paris, Payot, 1971.

Debesse M., *La Crise d'originalité juvénile*, Paris, PUF, 1936.

Dehaene S., *Vers une science de la vie mentale*, Paris, Collège de France/ Fayard, 2006.

Dejours C., *Le Facteur humain*, Paris, PUF, 2008.

Denis P., *Éloge de la bêtise*, Paris, PUF, 2001.

Deutsch Helen, *La Psychologie des femmes*, Paris, PUF, 1953.

Donaldson-Feilder E., Conférence prononcée à la British Psychological Society en 2009, rapportée par le *Quotidien du médecin*, 18 janvier 2010.

Droit R.-P., « Pascal, l'effrayant génie », *Le Point*, 6 août 2009.

Erikson S. et coll., « Defense mechanisms and ajustement in normal adolescents », *Am. J. Psychiatry*, 1996, 153, p. 826-828.

Foreman S., Marmar C. R., « Therapist actions that address initially poor therapeutic alliances in psychotherapy », *American Journal of Psychiatry*, 1985, 142, p. 922-926.

Freud A., *Le Moi et les mécanismes de défense*, Paris, PUF, 1936/1993.

Freud S., « Les psychonévroses de défense », *in Névrose, psychose et perversion*, Paris, PUF, 1894/1974, p. 1-14.

Freud S., « L'humour », *in L'Inquiétante Étrangeté et autres essais*, Paris, Gallimard, 1928/1987.

Freud S. (1933), « La décomposition de la personnalité psychique », *Nouvelle Conférence d'introduction la psychanalyse,* Paris, Gallimard, 1984.

Gaulejac V. de, *Qui est « je » ?,* Paris, Seuil, 2009.

George G., *La Confiance en soi de votre enfant*, Paris, Odile Jacob, 2007.

Gide A., *Journal,* tome 1, *1887-1925*, Paris, Gallimard, « Bibliothèque de la Pléiade », 1996.

Golse B., *L'Être bébé*, Paris, PUF, 2006.

Golse B., *Du corps à la pensée*, Paris, PUF, 1999.

Guillaumin J., *Psychanalyse du génie créateur,* en collaboration avec D. Anzieu, M. Mathieu, M. Besdine, E. Jacques, Paris, Dunod, 1974.

Hibbard S. et coll., « Differential validity of the defense mechanism. Manual for the TAT between Asian Americans and Whites », *J. of Personality Assessment*, 2000, 75, p. 351-372.

Hourdé D., *Dogon*, Catalogue de l'exposition de la galerie Ratton-Hourdé, 2005.

Ionescu S., Jacquet M.-M., Lhote C., *Les Mécanismes de défense, théorie et clinique*, Paris, Nathan Université, 1997.

Jouvent R., *Le Cerveau magicien*, Paris, Odile Jacob, 2009.

Jul, *Sylex and the City,* Paris, Dargaud, 2009.

Kapsambelis V., *L'Angoisse,* Paris, PUF, « Que sais-je ? », 2007.

Kernberg O., « Technical considerations in the borderline personality organisation », *Journal of Psychoanalyis Assessment,* 1976, 24, p. 795-829.

Kestemberg E., « Contribution à la perspective génétique en psychanalyse », *Revue française de psychanalyse*, 1966, 30 (5-6), p. 441-522.

Klein M. (éd.), *Développement de la psychanalyse,* Paris, PUF, 1980.

Küchenhoff J., *Psychosomatics of Crohn's Disease. The Interaction of Psychological and Somatics Factors During the Course of the Disease*, Stuttgart, Enke, 1993.

Laplanche J., Pontalis J.-B., *Vocabulaire de la psychanalyse,* Paris, PUF, 1967.

Laplanche J., *Entre séduction et inspiration : l'homme,* Paris PUF, 1999.

Lichtenberg J. D., *Psychoanalysis and Infant Research*, Hillsdale (NJ), The Analytic Press, 1983.

Loevinger J., Le-Xuan H., *Ego Development : Conceptions and Theories*, San Francisco, Jossey-Bass Inc, 1976.

Magris C., *Loin d'où ? Joseph Roth et la tradition juive-orientale,* Paris, Seuil, 2009.

Masterson J. F., *The Psychiatric Dilemma of Adolescence*, Boston, Little Brown Co, 1967.

McCullough L., Vaillant L., *Changing Character*, New York, Basic Books, 1997.

Meltzer D., *Les Structures sexuelles de la vie psychique*, Paris, Payot, 1977.

Mijolla-Mellor S., *La Sublimation,* Paris, PUF, « Que sais-je ? », 2005.

Missonnier S., *Devenir parent, naître humain*, Paris, PUF, 2009.

Molinier P., Welzerlang D., « Féminité, masculinité, virilité », *Dictionnaire critique du féminisme*, Paris, PUF, 2004.

Nietzsche F., *La Volonté de puissance*, Paris, Le Livre de poche, 1991.

Perry J. C., *Échelles d'évaluation des mécanismes de défense*, traduction et commentaires de J. Guelfi, J.-N. Despland et B. Hanin, Paris, Masson, 2004.

Perry J. C. et Bond M., « Defensive functioning », *in* J. M. Oldham, A. E. Skodol et D. S. Bender, *Textbook of Personality Disorders*, Washington, The American Psychiatric Press, 2005, p. 523-541.

Phillips A., *Trois Capacités négatives*, Paris, L'Olivier, 2009.

Pitt B., Deldin P. J., « Depression and cardiovascular disease : Have a happy day – just smile ! » *Eur. Heart J.*, 2010, 31.

Rank O. (1911), « Une contribution au narcissisme », trad. fr. *in Topique*, Paris, *L'Épi*, 1974, 14, p. 29-49.

Rérolle R., « Herta Müller, Nobel sauvée par l'écriture », *Le Monde*, 1er décembre 2009.

Sadock V., « L'enjolivement de la réalité, une défense féminine ? Étude auprès des auxiliaires puéricultrices », *Travailler*, 2003, 10, p. 93-106.

Sandler J., *L'Analyse des défenses, entretiens avec Anna Freud*, Paris, PUF, 1985/1989.

Saunder L., *L'Énergie des émotions*, Paris, Éditions d'organisation, 2007.

Schmidt L. R., « Coping with surgical stress : Some results and some problems », *in* S. Maes et C. Spielberger (dir.), *Topics in Health Psychology*, New York, John Wiley, 1988.

Snyder C. R., *Coping, the Psychology of What Works*, Oxford, Oxford University Press, 1999.

Spitz R. A., « Quelques prototypes précoces de défense du Moi », *Revue française de psychanalyse*, 1958/1964, 28 (2), p. 185-208.

Stroobants J.-P., « Portrait d'une société moderne en pertes de sens », *Le Monde*, 28 août 2009.

Taylor C. J., « La pensée opératoire et le concept d'alexithymie », *Revue française de psychanalyse*, 54 (3), p. 769-783.

Thienemann M., Shaw R., Steiner H., « Defense styles and family environment », *Child Psychiatry and Human Development*, 1997, 28 (3), p. 189-198.

Truong N., « L'emprise diffuse de l'entreprise », *Le Monde de l'éducation*, mai 1998.

Ungerer J. A., Waters B., Barnett B., Dolby R., « Defense style and adjustement in interpersonal relationships », *Journal of Research in Personality*, 1997, 31, p. 375-384.

Vaillant G. E., *The Wisdom of the Ego*, Cambridge, Harvard University press, 1993.

Vaillant G., *Adaptation to Life*, Boston, Little, Brown and Co, 1977.

Vaillant G. E., Vaillant C., « Determinants and consequence of creativity in a cohort of gifted women », *Psychology of Women Quarterly*, 1990, 14, p. 607-616.

Watzlawick P., *Faites vous-même votre malheur*, Paris, Seuil, 1984.

Widlöcher D., Marie-Cardine M., Braconnier A., Hanin B., *Choisir sa psychothérapie. Les écoles, les méthodes, les traitements*, Paris, Odile Jacob, 2006.

Widlöcher D., *Les Logiques de la dépression*, Paris, Fayard, 1983.

Widlöcher D., *Métapsychologie du sens*, Paris, PUF, 1986.

Winnicott C., « Donald Winnicott en personne », *L'Arc*, 1977, 69, p. 29-38.

Winnicott D., *La Crainte de l'effondrement et autres situations cliniques*, Paris, Gallimard, 2000.

Winnicott D. W., *Le Concept de faux self. Conversations ordinaires*, Paris, Gallimard, 1988.

Winnicott D. W., *La Nature humaine*, Paris, Gallimard, 1990.

Pour aller plus loin :

Aarons Z.A., « Normality and anormality in adolescence : With a digression on Prince Hal », « The sowing of wild oats », *Psychoanalytic Study of the Child*, 1970, 25, p. 309-339.

Ablon S. L., Carlson G. A., Goodwin F. K., « Ego defense patterns in manic-depressive », *American Journal of Psychiatry*, 1974, 131, p. 803-807.

Abraham K., « Esquisse d'une histoire du développement de la libido basée sur la psychanalyse des troubles mentaux », *in Œuvres complètes*, tome II : *Développement de la libido, formation du caractère, études cliniques* (1925), Paris, Payot, 1977.

Abraham N., Torok M., *L'Écorce et le Noyau*, Paris, Flammarion, « Champs essais », 2009.

Aitken-Swan J., Easson E. C., « Reactions of cancer patients on being told their diagnosis », *British Medical Journal*, 1959, 1, p. 779-783.

Albert E., *Comment devenir un bon stressé*, Paris, Odile Jacob, 1994.

Amado G. et Costes A., « Un étrange aménagement défensif : le compagnon imaginaire », *L'Évolution psychiatrique*, 1989, 54 (1), p. 69-75.

André C. et Légeron P., *La Peur des autres. Trac, timidité et phobie sociale*, Paris, Odile Jacob, 1995.

Andronokof-Sanglade A., « L'abstraction au Rorschach comme mécanisme d'antisymbolisation : réflexion autour du protocole d'une adolescente suicidaire », *Bulletin de la Société du Rorschach et des méthodes projectives de langue française*, 1993, 37, p. 71-91.

Antonelli P., « Le temps du déni », *Revue de médecine psychosomatique*, 1989, 7 (18), p. 31-48.

Anzieu D., « Préface » à La Sublimation. *Les Sentiers de la création*, Paris, Tchou, 1979, p. 11-23.

Anzieu D., *Le Penser. Du moi-peau au moi-pensant*, Paris, Dunod, 1994.

Aubertel-Verrier R., *Les Mécanismes de défense familiaux,* thèse de doctorat de 3e cycle, Grenoble, Université des sciences sociales de Grenoble, 1984.
Badcock C. R., *The Problem of Altruism. Freudian-Darwinian Solutions,* Oxford, Basil Blackwell, 1986.
Balier C., *Psychanalyse des comportements violents,* Paris, PUF, 1988.
Barrois C., *Les Névroses traumatiques,* Paris, Dunod, 1988.
Bauer S. F., Rockland L. H., « The inventory of defense-related behaviors. An approach to measuring defense mechanisms in psychotherapy. A preliminary report », *in* H. R. Conte et R. Plutchik (éds), *Ego Defenses. Theory and Measurement,* New York, John Wiley and Sons Inc., 1995.
Begoin-Guignard R., « Limites et lieux de la psychose et de l'interprétation. Essai sur l'identification projective », *Topique,* 1985, 35-36, p. 173-184.
Begoin-Guignard R., « Identification projective et identité de groupe », *Journal de la psychanalyse de l'enfant,* 1991, 10, p. 23-46.
Bejarrano A., « Le clivage de transfert dans les groupes », *Perspectives psychiatriques*, 1971, 33, p. 15-22.
Benassy M., « Le Moi et ses mécanismes de défense. Étude théorique », *in* S. Nacht (éd.), *La Théorie psychanalytique,* 1969, Paris, PUF, p. 285-348.
Benjamin L. S., « Good defenses make good neighbours », *in* H. R. Conte, R. Plutchik (éds), *Ego Defenses. Theory and Measurement,* New York, John Wiley and Sons Inc., 1995.
Bergeret J., « Pour une métapsychologie de l'humour », *Revue de psychanalyse,* 1973, 37 (4), p. 539-565.
Bettelheim B. (1967/1969), *La Forteresse vide,* Paris, Gallimard, 1969.
Bibring G. L. et coll., « A study of the psychological processes in pregnancy and of the earliest mother-child relationships », *The Psychoanalytic Study of the Child,* 1961, 16, p. 9-72.
Bick E., « Notes on infant observation in psycho-analytic training », *The International Journal of Psycho-Analysis,* 1964, 45 (4), p. 558-566.
Bion W. (1962/1979), *Aux sources de l'expérience,* Paris, PUF, 1979.
Bloch H. et coll., *Grand Dictionnaire de la psychologie*, Paris, Larousse, 1991.
Blos P., *Les Adolescents,* Paris, Stock, 1967.
Blum G. S., *Defense and Resistance,* New York, International University Press, 1985.
Boitard O., « Le militantisme : attitude névrotique ou sublimation ? », *Psychiatrie française,* 1994, 25 (4), p. 17-24.
Bond M. P., « The development and properties of the defense style questionnaire », *in* H. R. Conte et R. Plutchik (éds), *Ego Defenses. Theory and Measurement,* New York, John Wiley and Sons Inc., 1995.
Bond M. P. et coll., « Empirical study of self-rated defense styles », *Archives of General Psychiatry,* 1983, 40, p. 333-338.
Braconnier A., « Défense (mécanisme de) », *in* R. Doron et E. Parot (éds), *Dictionnaire de psychologie,* Paris, PUF, 1991.
Braconnier A., *Petit ou grand anxieux,* Paris, Odile Jacob, 2002.

Brazelton T. B., « Le bébé partenaire dans l'interaction », *in* T. B. Brazelton *et al.* (éds), *La Dynamique du nourrisson,* Paris, ESF, 1982, p. 11-27.

Breuer J., Freud S., *Études sur l'hystérie,* Paris, PUF, 1895/1965.

Brody L.R. et coll., « Age, sex, and individual differences in children's defensive styles », *Journal of Clinical Child Psychology,* 1985, 14, p. 132-138.

Brusset B., *Psychanalyse du lien. La relation d'objet,* Paris, Le Centurion, 1988.

Brusset B., « Théorie du développement et paradigme de la névrose », *in* D. Widlöcher (éd.), *Traité de psychopathologie,* Paris, PUF, 1994, p. 653-686.

Buckley P., « Ego defenses. A psychoanalytic perspective », *in* H. R. Conte et R. Plutchik (éds), *Ego Defenses. Theory and Measurement,* New York, John Wiley and Sons lnc., 1995.

Carr A., « Borderline defenses and Rorschach reponses : A critique of Lerner, Albert, and Walsh », *Journal of Personality Assessment,* 1987, 51, p. 349-354.

Chabert C., *Le Rorschach en clinique adulte. Interprétation psychanalytique,* Paris, Dunod, 1983.

Chess S., Thomas A., « Defense mechanisms in middle childhood », *Canadian Psychiatrie Association Journal,* 1976, 21, p. 519-525.

Chiland C., « À propos de la négation (Freud, 1925) », *Bulletin de psychologie,* 1976, 29 (322, 8-13), p. 439-444.

Chipp P. E., Scherer K., « Les comportements de coping : étude de leur structure théorique et élaboration d'une échelle en langue française », *Revue européenne de psychologie appliquée,* 1992, 42 (4), p. 285-294.

Conte H. R., Plutchik R., *Ego Defense Theory and Measurement,* New York, John Wiley and Sons Inc., 1995.

Corman L., « Changements de caractère par les formations réactionnelles du moi », *Revue de neuropsychiatrie infantile et d'hygiène mentale de l'enfance,* 1974, 22 (9), p. 573-583.

Cramer P., « Defense mechanisms in adolescence », *Developmental Psychology,* 1979, 15, p. 476-477.

Cramer P., « Children's use of defense mechanisms in reaction to displeasure caused by others », *Journal of Personality,* 1983, 51, p. 78-94.

Cramer P., « The development of defense mechanisms », *Journal of Personality,* 1987, 55, p. 597-614.

Cramer P., « Anger and the use of defense mechanisms in college students », *Journal of Personality,* 1991, 59, p. 39-55.

Cramer P., Carter T., « The relationship between sexual identification and the use of defense mechanisms », *Journal of Personality Assessment,* 1978, 42, p. 63-73.

Cramer P., Gaul R., « The effects of success and failure on children's use of defense mechanisms », *Journal of Personality,* 1988, 56, p. 729-742.

Cyrulnik B., *Autobiographie d'un épouvantail,* Paris, Odile Jacob, 2008 ; « Poches Odile Jacob », 2010.

Dantzer R., « Conservation-retrait », *in* R. Doron R. et E. Parot (éds), *Dictionnaire de psychologie,* Paris, PUF, 1991.
Debray R., « Le TAT aujourd'hui et demain », *Psychologie française,* 1987, 32 (3), p. 127-130.
Diatkine R., « La notion de régression », *L'Évolution psychiatrique,* 1957, 3, p. 405-421.
Dolto F., « Personnologie et image du corps », *La Psychanalyse,* 1961, 6, p. 59-92.
Dorpat T. L., *Denial and Defense in the Therapeutic Situation,* New York, Jason Aronson, 1985.
Douglas J., Rice K., « Sex differences in children's anxiety and defensiveness measures », *Developmental Psychology,* 1979, 15, p. 223-224.
Dubor P., « L'articulation dyssyntaxique des représentants pulsionnels de l'humour et de la psychose », *Revue française de psychanalyse,* 1973, 37 (4), p. 581-606.
Dubor P., « La régression », *in* J. Bergeret (éd.), *Psychologie pathologique,* Paris, Masson, 1986, p. 109-112.
Durieux M.-C., Janin-Oudinot M. (éds), *Figures de la projection,* Paris, PUF, 2008.
Emmanuelli M., « Figures de la sublimation à l'adolescence. Apport des techniques projectives », *Bulletin de la Société du Rorschach et des méthodes projectives de langue française,* 1993, 37, p. 161-181.
Evans R., « Defense mechanisms in female as a function of sex-role orientation », *Journal of Clinical Psychology,* 1982, 38, p. 816-817.
Feinstein S. C., Giovacchini Miller A. A., *Psychiatrie de l'adolescent,* Paris, PUF, 1982.
Ferenczi S., « Le concept d'introjection », *in Psychanalyse I, Œuvres complètes,* Paris, Payot, 1912/1968, p. 196-198.
Flournoy O., « La sublimation », *Revue française de psychanalyse,* 1967, 31 (1), p. 59-93.
Folkman S., Lazarus R., « The relationship between coping and emotion », *Social and Scientific Medecine*, 1988, 26, p. 309-317.
Fraiberg S., « Pathological defenses in infancy », *Psychoanalytic Quarterly,* 1982, 51, p. 612-635.
Freud A., *Le Normal et le Pathologique chez l'enfant,* Paris, Gallimard, 1965/1968.
Freud S., *L'Interprétation des rêves,* Paris, PUF, 1900/1967.
Freud S., « Sur le mécanisme psychique de l'oubli », *in Résultats, idées, problèmes,* tome I, Paris, PUF, 1898/1984, p. 99-107.
Freud S., *Psychopathologie de la vie quotidienne,* Paris, Payot, 1901/1973.
Freud S., *Le Mot d'esprit et sa relation avec l'inconscient,* Paris, Gallimard, 1905/1988.
Freud S. (1908a/1974), « Caractère et érotisme anal », *in Névrose, psychose et perversion,* Paris, PUF, p. 143-148.

Freud S., « Le créateur littéraire et la fantaisie », *in L'Inquiétante Étrangeté et autres essais,* Paris, Gallimard, 1908c/1985, p. 33-46.

Freud S., « Analyse d'une phobie d'un petit garçon de cinq ans (Le petit Hans) », *in Cinq Psychanalyses,* Paris, PUF, 1909a/1979, p. 93-198.

Freud S., « Remarques sur un cas de névrose obsessionnelle (L'homme aux rats) », *in Cinq Psychanalyses,* Paris, PUF, 1909b/1979, p. 199-261.

Freud S., « D'un type particulier de choix objectal chez l'homme (contribution à la psychologie de la vie amoureuse) », *in La Vie sexuelle,* Paris, PUF, 1910/1985, p. 47-55.

Freud S., *Un souvenir d'enfance de Léonard de Vinci,* Paris, Gallimard, 1910/1987.

Freud S., « Remarques psychanalytiques sur l'autobiographie d'un cas de paranoïa (Le président Schreber) », *in Cinq Psychanalyses,* Paris, PUF, 1911/1979, p. 263-321.

Freud S., « Remémoration, répétition et perlaboration », *in La Technique psychanalytique,* Paris, PUF, 1914/1977, p. 105-115.

Freud S., « Pour introduire le narcissisme », *in La Vie sexuelle,* Paris, PUF, 1914/1985, p. 81-105.

Freud S. « Pulsions et destins des pulsions », *in Métapsychologie,* Paris, Gallimard, 1915a/1968, p. 11-43.

Freud S. « Le refoulement », *in Métapsychologie,* Paris, Gallimard, 1915b/1968, p. 45-63.

Freud S., « Deuil et mélancolie », *in Métapsychologie,* Paris, Gallimard, 1917b/1968, p. 145-171.

Freud S. « Sur quelques mécanismes névrotiques dans la jalousie, la paranoïa et l'homosexualité », *in Névrose, psychose et perversion,* Paris, PUF, 1922/1974, p. 271-281.

Freud S., « Le moi et le ça », *in Essais de psychanalyse,* Paris, Payot, 1923/1981, p. 177-234.

Freud S., « La négation », *in Résultats, idées, problèmes,* tome II, Paris, PUF, 1925a/1987, p. 135-139.

Freud S., *Inhibition, symptôme et angoisse,* Paris, PUF, 1926/1995.

Freud S., « Un trouble de mémoire sur l'Acropole (Lettre à Romain Rolland) », *in Résultats, idées, problèmes,* tome II, Paris, PUF, 1936/1987, p. 221-230.

Freud S., « Le clivage du moi dans le processus de défense », *in Résultats, idées, problèmes,* tome II, Paris, PUF, 1938/1987, p. 283-286.

Frismand J., « Excitation, pulsion, langage, contre-investissement », *Revue française de psychanalyse,* 1988, 52 (2), p. 433-435.

Gabbard G. O., « Psychodynamic psychiatry », *Clinical Practice, The DSM-IV Edition,* Washington (DC), American Psychiatric Press, 1994.

Gabbard G. O., *Psychotherapic Treatments,* Washington (DC), American Psychiatric Press, 2009.

Gamill J., « Quelques notes sur la régression, la progression défensive et les arrêts de la progression normale », *Revue française de psychanalyse,* 1992, 56 (4), p. 1049-1063.

Gaulejac de V., *Qui est « je » ?,* Paris, Seuil, 2009.

Greenacre E., « Toward an understanding of the physical nucleus of some defence reactions », *International Journal of Psycho-Analysis,* 1958, 39, p. 69-76.

Greenson R., *Techniques et pratiques de la psychanalyse,* Paris, PUF, 1977.

Guelfi J.-D., Rouillon F., *Manuel de psychiatrie,* Paris, Masson, 2007.

Guillaumin J., « La création artistique et l'élaboration consciente de l'inconscient, avec des considérations particulières sur la création poétique », *in* D. Anzieu et coll., *Psychanalyse du génie créateur*, Paris, Dunod, 1974, p. 209-237.

Haag G., « Nature de quelques identifications dans l'image du corps », *Journal de la psychanalyse de l'enfant,* 1991, 10, p. 73-92.

Haan N., *Coping and Defending,* New York, Academic Press, 1977.

Hackett T. P., Cassem N. H., « Development of a quantitative rating scale to assess denial », *Journal of Psychosomatic Research*, 1974, 18, p. 93-100.

Hanus M., *Les Deuils dans la vie. Deuils et séparations chez l'adulte et chez l'enfant,* Paris, Maloine, 1994.

Hartmann H., *Ego Psychology and the Problem of Adaptation,* New York, International Universities Press, 1939/1958.

Heimann P., « Certaines fonctions de l'introjection et de la projection dans la première enfance », in *Développements de la psychanalyse,* Paris, PUF, 1980, p. 115-158.

Heimann P., Isaacs S., « La régression », *in Développements de la psychanalyse,* Paris, PUF, 1980, p. 159-186.

Hennezel M. de, « La dimension du déni à l'approche de la mort », *Psychologie médicale,* 1991, 23 (2), p. 149-153.

Hentschel U., Ehlers W., « The concept of defense mechanisms », *in Contemporary Psychology : Theoretical, Research, and Clinical Perspectives,* New York, Springer, 1993.

Hill K. T., Sarason S. B., « The relation of test anxiety and defensiveness to test and school performance over the elementary-school years », *Monographs of the Society for Research in Child Development,* 1966, 31 (2), p. 1-76.

Holahan C. J. et coll., « Coping, stress resistance, and growth : Conceptualizing adaptive functioning », *in* M. Zeidner et N. S. Endler (éds), *Handbook of Coping. Theory, Research Applications,* New York, John Wiley and Sons Inc., 1996, p. 24-43.

Holmes D. S., « Defense mechanisms », *in* R. J. Corsini (éd.), *Encyclopedia of Psychology,* New York, John Wiley and Sons, 1994, vol. I.

Horowitz M. J. et coll., « Control processes and defense mechanisms », *Journal of Psychotherapy Practice and Research,* 1992, 1, p. 324-336.

Ihilevich D., Gleser G. C., *Defenses in Psychotherapy : The Clinical Application of the Defense Mechanisms Inventory,* Odessa (FL), Psychological Assessment Resources, 1991.

Ionescu S., *Quatorze Approches de la psychopathologie*, 2e édition, Paris, Nathan-Université, 1995.

Jacobson A. M., et coll., « Evaluating ego defense mechanisms using clinical interviews : An empirical study of adolescent diabetic and psychiatric patients », *Journal of Adolescence,* 1986, 9, p. 303-319.

James W., *The Principles of Psychology,* New York, Harvard University Press, 1890/1903.

Jaques E., « Des systèmes sociaux comme défenses contre l'anxiété dépressive et l'anxiété de persécution », traduction en français *in* A. Lévy (éd.), *Psychologie sociale,* textes fondamentaux anglais et américains, Paris, Dunod, 1965, tome II.

Jeammet P., « Dynamique de l'adolescence », *Encyclopédie médico-chirurgicale. Psychiatrie*, 1994, 37213, A-20.

Johnson N., *Test-Retest Reliability of the Defense Mechanism Profile,* Fort Lauderdale (FL), Nova University, 1982.

Johnson N., *A Content Validation Study of the Defense Mechanism,* Fort Lauderdale (FL), Nova University, 1986.

Jones E., « Rationalisation in every-day life », *The Journal of Abnormal psychology,* août-sept. 1908, p. 161-169.

Kaës R., *L'Idéologie. Études psychanalytiques,* Paris, Dunod, 1980.

Kaës R., *Le Groupe et le Sujet du groupe. Éléments pour une théorie psychanalytique du groupe,* Paris, Dunod, 1993.

Kernberg G. O., *La Théorie psychodynamique des personnalités limites,* Paris, PUF, 1995.

Klein M., « À propos de l'identification », *in Envie et gratitude et autres essais,* Paris, Gallimard, 1968, p. 139-185.

Kohut H., *Le Soi,* Paris, PUF, 1974.

Kuhlman T. L., *Humor and Psychotherapy,* Northvale, Jason Aronson Inc., 1984.

Labarbera J. D., et coll., « Four- and six-month-old infants'visual responses to joy, anger, and neutral expressions », *Child Development,* 1976, 47, p. 535-538.

La Bruyère J., *Les Caractères,* Paris, Gallimard, « Folio », 1688/1995.

Lacan J., *Écrits,* Paris, Seuil, 1966.

Lagache D., *La Jalousie amoureuse. Psychologie descriptive et psychanalyse* (2 vol.), Paris, PUF, 1947.

Lagache D., « La psychanalyse et la structure de la personnalité », *in Agressivité, structure de la personnalité et autres travaux, Œuvres IV,* Paris, PUF, 1956-1962, p. 191-237.

Lagache D., « La sublimation et les valeurs », *in De la fantaisie à la sublimation, Œuvres V,* Paris, 1962-1964, PUF, p. 1-72.

Lagache D., « De la fantaisie à l'action », *in De la fantaisie à la sublimation, Œuvres V*, Paris, PUF, 1962-1964, p. 97-120.
Lampl de Groot J., « On defense and development : Normal and pathologieal », *The Psychoanalytic Study of the Child,* 1957, 12, p. 114-126.
Laplanche J., *Problématiques III. La sublimation,* Paris, PUF, 1980.
Laughlin H. P., *The Ego and its Defenses,* New York, Appleton-Century-Crofts, 1970.
Lazarus R. S., « The costs and benefits of denial », *in* S. Breznitz (éd.), *The Denial of Stress,* New York, International Universities Press, 1983.
Lazarus R. S., Folkman S., *Stress, Appraisal and Coping,* New York, Springer, 1984.
Lebovici S., Diatkine R., Soulé M., *Traité de psychiatrie de l'enfant et de l'adolescent,* Paris, PUF, 1985.
Leclaire S., *Psychanalyser. Un essai sur l'ordre de l'inconscient et la pratique de la lettre,* Paris, Seuil, 1968.
Le Guen C. (dir.), *Le Refoulement (Les défenses)*, 45e Congrès des psychanalystes de langue française des pays romans, Paris, 1985.
Lerner P., Sugarman A., Gaughran J., « Borderline and schizophrenic patients : A comparative study of defensive structure », *Journal of Nervous and Mental Disease,* 1981, 169, p. 705-711.
Loewenstein R. M., « Defense organization and autonomous ego functions », *Journal of the American Psychoanalytic Association,* 1967, 15, p. 795-809.
Marcelli D., « Ascétisme de vie – emprise de l'âme. À propos de l'adolescent insulino-dépendant », *Adolescence,* 1990, 8 (2), p. 243-259.
McWilliams N., *Psychoanalytic Diagnosis. Understanding Personality Structure in the Clinical Process,* New York, The Guilford Press, 1994.
Meltzer D., « Les concepts d'"identification projective" (Klein) et de "contenant-contenu" (Bion) en relation avec la situation analytique », *Revue française de psychanalyse,* 1983/1984, 48 (2), p. 541-550.
Memmi A., *La Dépendance,* Paris, Gallimard, 1979.
Mijolla A. de, « Identifier, être identifié, s'identifier », *Revue française de psychanalyse,* 1984, 48 (2), p. 491-508.
Moscovici S., *Psychologie sociale des relations à autrui,* Paris, Nathan-Université, 1994.
Moser G., *Les Relations interpersonnelles,* Paris, PUF, 1994.
Mucchielli A., *Les Mécanismes de défense,* Paris, PUF, 1981.
Neyraut M., « L'identification, pour une introduction », *Revue française de psychanalyse,* 1984, 48 (2), p. 509-514.
Noam G. G., Recklitis C., « The relationship between defenses and symptoms in adolescent psychopathology », *Journal of Personality Assessment*, 1990, 54, p. 311-327.
Oldham J. M., Skodol A. E., Bender D. S., *Textbook of Personality Disorders,* Washington, The American Psychiatric Press, 2005.

Olff M., Godeart G., Ursin H., *Quantification of Human Defense Mechanisms,* Berlin, Springer Verlag, 1991.

Parat C., « À propos de la répression », *Revue française de psychosomatique,* 1991, 1, p. 93-113.

Paulhan I., Bourgeois M., *Stress et coping. Les stratégies d'ajustement à l'adversité,* Paris, PUF, « Nodules », 1995.

Paulhan I., « Le concept de coping », *L'Année psychologique,* 1992, p. 545-557.

Penot B., *Figures du déni, en deçà du négatif,* Paris, Dunod, 1989.

Perry J. C., « A prospective study of life stress, defenses, psychotic symptoms, and depression in borderline and antisocial personality disorders and bipolar type II affective disorder », *Journal of Personality Disorders,* 1988, 2 (1), p. 49-59.

Perry J. C., *Defense Mechanism Rating Scales,* Boston, Harvard Medical School, 1990.

Perry J. C., Kardos M. E., « A review of the defense mechanism rating scales », *in* H. R. Conte et R. Plutchik (éds), *Ego Defenses. Theory and Measurement,* New York, John Wiley and Sons Inc., 1995.

Perry J. C., Kardos M. E., Pagano C. J., « The study of defenses in psychotherapy using the defense mechanisms rating scales (DMRS) », *in* U. Hentschel, W. Ehlers (éds), *The Concept of Defense Mechanisms in Contemporary Psychology : Theoretical, Research and Clinical Perspectives,* New York, Springer, 1993.

Petot J.-M., « Surcompensation », *in* R. Doron et E. Parot (éds), *Dictionnaire de psychologie,* Paris, PUF, 1991.

Plumpian-Midlin E., « Defensive organization of the ego and psychoanalytic technique, Panel report », *Journal of the American Psychoanalytic Association,* 1967, 15, p. 150-165.

Plutchik R., Conte H. R., « Measuring emotions and their derivatives. Personality traits, ego defenses and coping styles », *in* S. Wetzler et M. Katz (éds), *Contemporary Approaches to Psychological Assessment,* New York, Brunner/Mazel, 1989.

Plutchik R., Kellerman H., Conte H. R., « The structural theory of ego defenses and emotions », *in* C. E. Izard (éd.), *Emotions in personality and psychopathology,* New York, Plenum Press, 1979.

Porret J.-M., *La Consignation du sublimable,* Paris, PUF, 1994.

Rausch de Traunbenberg N., Bouzou M.-F., « Les mécanismes de défense et leur expression Rorschach chez l'adulte et chez l'enfant », *Bulletin de la Société française du Rorschach et des méthodes projectives,* 1976, 29-30, p. 5-21.

Revidi P., « Réactions psychologiques aux affections somatiques graves », *Encyclopédie médico-chirurgicale. Psychiatrie,* 1994, 37675, A-20.

Ritzler B., « The Rorschach : Defense or adaptation ? », *in* H. R. Conte et R. Plutchik (éds), *Ego Defenses. Theory and Measurement,* New York, John Wiley and Sons lnc., 1995.

Rivolier J., *Facteurs humains et situations extrêmes,* Paris, Masson, 1992.

Roth S., Cohen L. J., « Approach, avoıdance, and coping with stress », *American Psychologist*, 1986, 41, p. 813-819.

Roussillon R., *Paradoxes et situations limites de la psychanalyse,* Paris, PUF, 1991.

Ruffiot A., Aubertel E., « Les mécanismes de défense familiaux », *Dialogue*, 1982, 75, p. 16-28

Saitner B. E., « Application of the DMT for assessing serious drinking and driving offenders », *in* M. Olfe, G. Godaert et H. Ursin (éds), *Quantification of Human Defense Mechanisms,* Berlin, Springer Verlag, 1991.

Sami-Ali M., *De la projection. Une étude psychanalytique,* Paris, Dunod, 1970.

Sartre J.-P., *L'Imaginaire. Psychologie phénoménologique de l'imagination,* Paris, Gallimard, 1986.

Schaeffer J., « Les cartes et le territoire », *Revue française de psychanalyse,* 1989, 53 (3), p. 781-794.

Searles H., « Les processus de dépendance », *in L'Effort pour rendre l'autre fou,* Paris, Gallimard, 1977, p. 57-100.

Segal H., *Introduction à l'œuvre de Melanie Klein,* Paris, PUF, 1980.

Segal H., « D'un système délirant comme défense contre la résurgence d'une situation catastrophique », *Revue française de psychanalyse*, 1974, 38 (10), p. 89-105.

Semrad E., « The organization of ego defenses and object loss », *in* D. M. Moriarty (éd.), *The Loss of Loved Ones,* Springfield, Charles C. Thomas, 1967, p. 126-134.

Sillamy M., « Mécanisme de défense », *in* N. Sillamy (éd.), *Dictionnaire encyclopédique de psychologie,* Paris, Bordas, 1980.

Smith G. J. W., Danielsson A., « From open flight to symbolic and perceptual tactics. A study of defense in preschool children », *Scripta Minora,* 1977, 3, p. 1-41.

Smith G. J. W., Danielsson A., *Anxiety and Defense Strategies in Childhood and Adolescence,* New York, International Universities Press, 1982.

Smith W. P., Rossman B. B. R., « Developmental changes in trait and situational denial under stress during childhood », *Journal of Child Psychiatry,* 1986, 27, p. 227-235.

Spitz R. A., *Le Non et le Oui, la genèse de la communication humaine,* Paris, PUF, 1957/1983.

Steiner J., *Retraits psychiques. Organisations pathologiques chez les patients psychotiques, névrosés et borderline,* Paris, PUF, 1993/1996.

Stolorow R. D., Lachmann F. M., « The developmental prestages of defenses : Diagnostic and therapeutic implications », *Psychoanalytic Quarterly,* 1978, 47, p. 73-102.

Sutter J., Berta M., *L'Anticipation et ses applications cliniques,* Paris, PUF, 1991.

Swanson G. E., *Ego Defenses and the Legitimation of Behavior,* New York, Cambridge University Press, 1988.

Szafran A. W., Nysenhoi C. A., *Freud et le rire,* Paris, Métailié, 1994.

Tennes K. H., Lampe E. E., « Defensive reactions to infantile separation anxiety », *Journal of the American Psychoanalytic Association,* 1969, 17, p. 1142-1162.

Torjussen T., Vaernes R., « The use of the Defense Mechanism Test (DMT) in Norway for selection and stress research », *in* M. Olff, G. Godaert et H. Ursin (éds), *Quantification of Human Defence Mechanisms,* Berlin, Springer Verlag, 1991.

Vaillant G. E., « Theoretical hierarchy of adaptive ego mechanisms », *Archives of General Psychiatry,* 1971, 24, p. 107-118.

Vaillant G.E., « Natural history of male psychological health : The relation of choice of ego mechanism of defense to adult adjustement », *Archives of General Psychiatry,* 1976, 33, p. 535-545.

Vaillant G. E., Drake R. E., « Maturity of ego defenses in relation to *DSM-III* Axis II personality disorder », *Archives of General Psychiatry,* 1985, 42, p. 597-601.

Van Der Leeuw P. J., « On the development of the concept of defense », *International Journal of Psychoanalysis,* 1971, 52, p. 51-58.

Wallerstein R. S., « Development and metapsychology of the defense organization of the ego », *Journal of the American Psychoanalytic Association,* 1967, 15, p. 130-149.

Wallerrstein R. S., « Defense mechanisms and the structure of the mind », *Journal of the American Psychoanalytic Association,* 31 (supplément), 1983, p. 201-225.

Wallerstein R. S., « Defenses, defense mechanisms, and the structure of the mind », *in* H. P. Blum (éd.), *Defense and Resistance,* New York, International Universities Press, 1985.

Weitman D. S., « Suppression as a defense », *in* H. P. Blum (éd.), *Defense and Resistance. Historical Perspectives and Current Concepts*, New York, International Universities Press, 1985, p. 405-415.

Whitfield C. L., *Boundaries and Relationships*, Deerfield Beach (FL), Health Communications Inc., 1993.

Willick M. S., « On the concept of primitive defenses », *in* H. P. Blum (éd.), *Defense and Resistance*, New York, International Universities Press, 1985, p. 175-200.

Winnicott D. W., « La capacité d'être seul », *in De la pédiatrie à la psychanalyse*, Paris, Payot, 1969, p. 205-213.

Winnicott D. W., « L'adolescence », *in De la pédiatrie à la psychanalyse*, Paris, Payot, 1969, p. 257-266.

Winnicott D. W., « Repli et régression », *in De la pédiatrie à la psychanalyse,* Paris, Payot, 1969, p. 308-315.

Winnicott D. W., « La crainte de l'effondrement », *Nouvelle Revue de psychanalyse,* 1975, p. 35-44.

Winnicott D. W., « Le concept d'individu sain », *L'Arc*, 1977, 69, p. 13-26.

Winnicott D. W., « Intégration du moi au cours du développement de l'enfant », *in Processus de maturation chez l'enfant*, Paris, Payot, 1980, p. 9-18.

Winnicott D. W., *L'Enfant et sa famille*, Paris, Payot, 1984.

Winston B., Winston A., Samstage I. W., Muran J. C., « Patient defense/therapist intervention », *Psychotherapy*, 1984, 31, p. 478-660.

Yasnovsky J., Araujo K., King M., Mason M., Pavelski R., Shaw R. *et al.*, « Defenses in school age children : Children's versus parents'report », *Child Psychiatry and Human Development*, 2003, 33, p. 307-323.

Zazzo R., « Préface », *in* E. Bariaud, *La Genèse de l'humour chez l'enfant*, Paris, PUF, 1983.

REMERCIEMENTS

Je remercie tout d'abord toutes celles et tous ceux qui m'ont accordé leur confiance, qui ont enrichi ma réflexion et que j'ai tenté d'aider le mieux que j'ai pu.

Les illustrations qui ont été inscrites dans cet ouvrage sont des synthèses de plusieurs histoires reconstruites et transformées. Elles sont dans ce sens racontées de façon à préserver l'anonymat.

Je remercie aussi tout particulièrement tous mes proches et tous ceux qui m'ont conseillé sur l'écriture de ce livre.

J'exprime toute ma gratitude à Odile Jacob pour son amitié et son constant soutien ainsi qu'à toute son équipe.

TABLE

Chapitre 2
LES SEPT MEILLEURS MOYENS D'ÊTRE SOI-MÊME

Chapitre 3
PRENDRE SUR SOI : UNE AUTRE MANIÈRE D'EXISTER

Chapitre 4
NOS DERNIERS RECOURS

Chapitre 5
TOUS PAREILS, TOUS DIFFÉRENTS

Chapitre 6
LA ROUTE DU SOI : DU BÉBÉ À L'ÂGE ADULTE

Deuxième partie
UTILISER TOUTES NOS RESSOURCES DANS LA VIE COURANTE

Chapitre 7
BIEN VIVRE AVEC LES AUTRES

Chapitre 8
VIVRE DES ÉVÉNEMENTS PARTICULIERS DE LA VIE

Chapitre 9
DES PETITES AUX GRANDES FOLIES

Troisième partie
PRENDRE SOIN DE SOI,
AIDER LES AUTRES À PRENDRE SOIN D'EUX

Chapitre 10
JOUER INTELLIGEMMENT AVEC SOI

Chapitre 11
AIDER LES AUTRES À PRENDRE SOIN D'EUX

Du même auteur
chez Odile Jacob

Nos bébés, nos ados, avec Bernard Golse, 2008.
Les Filles et les Pères, 2007 ; « Poches Odile Jacob », 2008.
Le Guide de l'adolescent. De 10 à 25 ans, 2007.
Mère et fils, 2005 ; « Poches Odile Jacob », 2007.
Petit ou grand anxieux ?, 2002 ; « Poches Odile Jacob », 2004.
L'Adolescence aux mille visages, avec le Dr Daniel Marcelli, 1998.
Le Sexe des émotions, 1996 ; « Poches Odile Jacob », 2000.
Tout est dans la tête. Émotion, stress, action, avec le Dr Éric Albert, 1992 ; « Poches Odile Jacob », 2001.